Susanne Ahlers-Wübbeler
Die Erfüllungswelle

Susanne Ahlers-Wübbeler

Die Erfüllungswelle

Die Liebe die ich suchte

Sei wahr. Sei du.

Bibliografische Information der Deutschen Nationalbibliothek:
Die Deutsche Nationalbibliothek verzeichnet diese Publikation in der Deutschen Na-
tionalbibliografie; detaillierte bibliografische Daten sind im Internet über
http://dnb.dnb.de abrufbar.

Lektorat: V. R. H.
Korrektorat: V. R. H.
Weitere Mitwirkende: Autorin selbst

Verlag:
BoD · Books on Demand GmbH,
Überseering 33,
22297 Hamburg, bod@bod.de

Druck:
Libri Plureos GmbH,
Friedensallee 273,
22763 Hamburg

ISBN: 978-3-8192-8040-5

Hinweis der Autorin:

Auch wenn Lulu als Tochter spricht, ist dieses Buch für dich, ganz gleich, ob du dich als Tochter oder Sohn, Mutter oder Vater, Frau, Mann oder Mensch auf dem Weg verstehst.

Die Mutterbeziehung prägt uns alle. Sie wirkt oft tiefer, als wir glauben und beeinflusst, wie wir fühlen, lieben, Grenzen setzen und leben.

Dieses Buch ist eine Einladung zur Innenschau, zum Verstehen deiner Herkunft und zur bewussten Neuausrichtung deines Lebens.

Lies es mit deinem Herzen, unabhängig von der Perspektive, aus der es erzählt ist.

Ich will nie so werden wie Du!

Ich bin geworden wie Du.

Wer bin ich? Wer bist Du?

Vorwort *von Dr. Johanna Dahm*

Liebe Leserin, lieber Leser,

willkommen bei der Frage, nach der Suche nach Deinem Ich. Manche nennen es auch den Willen, authentisch zu werden. Da kann ich dich gleich beruhigen: bis zu deinem Ende wirst du nie ganz authentisch sein. Authentisch sein, das würde bedeuten, so zu sein wie noch vor deiner kindlichen Prägung, also noch wie vor den ersten drei Jahren deiner frühsten Kindheit: Völlig ohne gesellschaftliche Einflüsse, ohne den Blick, der Umarmung, der Stimme deines Vaters oder deiner Mutter. Versuche haben gezeigt, dass wir so nahezu zugrunde gehen würden. Und selbst wenn du dich manchmal so fühlst, du bist weit davon entfernt.

Deine Entscheidung nach deinem Ich zu suchen, ist doch viel mehr, dich zu transformieren, dich auf diese komplexe und oft herausfordernde Beziehung mit dir selbst einzulassen, und diese ist immer durch die Mutter-Tochter-Beziehung geprägt. Das ist mutig, und dazu gratuliere ich dir.

Ich selbst weiß nur zu gut, dass die Beziehung zwischen Müttern und Töchtern nicht nur ein fundamentales Band ist, das Generationen überbrückt: wie habe ich gelitten, als meine Mutter gelitten hat, als deren Mutter starb. Und zwar ohne meine Großmutter wirklich gekannt zu haben.

Und wie sehr habe ich die Ähnlichkeit in meinem Erwachsenen-Gesicht zum Erwachsenen-Gesicht meiner Mutter und dem Erwachsenen-Gesicht meiner Großmutter erkannt, als ich nach dem Tod meiner Mutter unsere Fotografien verglich. Und wundert es da, dass wir nicht nur denselben Lieblingskuchen sondern auch alle drei Migräne haben? An derselben Stelle? Die Beziehung zwischen Müttern und Töchtern ist eben auch ein Raum, in dem Traumata, Liebe, Verletzungen und Heilung miteinander verwoben sind.

Susannes Protagonistin Lulu führt uns mitten hinein in diesen Raum: mitten in diese Dynamik zwischen Müttern und Töchtern, geprägt von einem Wechselbad der Gefühle als das Erbe, in dem die Geschichten und Erfahrungen unserer Vorfahren manifestiert sind. Diese Erbschaft macht uns stark und schmerzt zugleich wie eine immer offene Wunde. Oftmals sind wir uns nicht einmal bewusst, wie stark die Stimme der Erfahrungen unserer Mütter aus uns spricht und wie sehr diese unser eigenes Leben, unser eigenes Handeln, unsere Entscheidungen beeinflussen.

Susanne zeigt uns in ihrem Buch, wie wir uns der Herausforderung stellen, diese Muster zu erkennen und zu durchbrechen. Behutsam und gütig konfrontiert sie uns mit unseren Traumata, die wir oft unbewusst von Generation zu Generation weitergeben. Und wie ich zu sagen pflege: mit dem einen Auge erlaubt sie uns den Blick zurück, mit dem anderen den Blick nach vorn auf die Möglichkeit der Selbstheilung und des Wandels. Du hast die Kraft, deine eigene Geschichte neu zu schreiben und die Heilung, die die du dir wünschst, in dein Leben einzuladen. Und das bedeutet nicht, die Tür vor deiner Mutter, deinen Ahnen zu verschließen, sondern viel mehr deren Kraft weiter zu nutzen.

Also erfahre den Raum dieses Buches als einen intimen Ort, dir selbst noch einmal ganz neu zu begegnen. Nimm dir die Zeit und investiere in die Beziehung mit dir selbst und die mit deiner Mutter, zu reflektieren, zu kreieren und zu leben. Ich wäre persönlich, beruflich und privat nicht da, wo ich heute bin, wäre ich diese Verbindung mit mir selbst nicht ganz neu eingegangen. Und vielleicht lässt du Susanne wissen, wie es dir bei den ersten Schritten in Richtung deiner Heilung, beim Finden neuer Wege und bei der Freiheit deines Seins ergangen ist.

In tiefer Verbundenheit zwischen Tochter und Tochter und Hoffnung für dein neues Ich,

deine Dr. Johanna Dahm

Inhaltsverzeichnis

Einleitung

Die Liebe, die ich suchte

„Ich will nie so werden wie du!"
„Ich bin geworden wie du."
Wer bin ich? Wer bist du?

Dieses Buch beginnt mit einer Tochter.

Einer Tochter, die zur Frau wurde, zur Mutter – und irgendwann erkannte,

dass ihre Geschichte viel älter war als sie selbst.

Lulu war dieses Kind.

Ein Sonnenschein, wie ihre Mutter immer sagte.

Fröhlich. Leicht. Verbunden.

Bis zu dem Tag, an dem die Verbindung abriss.

Was blieb, war eine Wunde, tief wie das Schweigen ihrer Mutter.

Lulu verstand lange nicht, was geschehen war.

Warum sie ihre Mutter verlor, obwohl sie doch noch lebte.

Warum das, was einst Liebe war, plötzlich wie Leere fühlte.

Warum sie in ihrer eigenen Mutterschaft scheiterte,

obwohl sie nichts mehr wollte, als es besser zu machen.

Dieses Buch ist ihrer Tochter gewidmet.

Denn sie war es, die Lulu den Spiegel vorhielt.

Sie war es, die Fragen stellte, die Lulu nicht beantworten konnte.

Sie war es, die Lulu dazu brachte, sich selbst zu hinterfragen.

Und durch diesen Spiegel erkannte Lulu,

dass der Schmerz nicht bei ihr begonnen hatte –

aber vielleicht bei ihr enden durfte.

Lulu hat gelernt:

Heilung geschieht nicht durch Verdrängen.

Sondern durch Hinschauen.

Nicht im Außen. Sondern im Innen.

Und oft durch diejenigen, die uns am meisten herausfordern.

Dieses Buch erzählt die Geschichte von Lulu –

und mit ihr die Geschichte so vieler Frauen.

Es ist kein Lehrbuch, sondern eine Einladung.

Zum Erinnern. Zum Fühlen. Zum Vergeben.

Und zum Loslassen von dem, was nicht mehr getragen werden muss.

Denn wir alle sind Kinder der Kinder, die einst nicht gehalten wurden.

Aber heute sind wir frei zu entscheiden:

Ob wir den Schmerz weitergeben.

Oder ob wir ihn verwandeln – in Mitgefühl, Verständnis und Liebe.

Willkommen in Lulus Reise.

Willkommen auf deiner eigenen.

Kapitel 1: Ein Leben aus Licht – Lulus erste Jahre

In einer kleinen Stadt, eingebettet zwischen sanften Hügeln und weiten Feldern, wurde Lulu geboren.

Es war ein Ostermontag, an dem sie – ein zarter Sonnenstrahl – die Welt zum ersten Mal berührte.

Die Straßen der Kleinstadt schlummerten noch im Morgengrauen, als ihre Mutter in der Nacht zuvor die ersten Wehen spürte.

Am Ostersonntag hatte sich die Familie wie jedes Jahr zum traditionellen Osterkaffee bei den Großeltern versammelt. Der Duft von frisch gebackenen Hefezöpfen und heißem Kaffee lag in der Luft, während draußen die ersten Blumen neugierig ihre Köpfe durch die noch kühle Erde streckten.

Die Mütter lachten, die Väter diskutierten über Handwerk und Politik, und die Kinder rannten kreischend durch den Garten, auf der Suche nach bunten Eiern und goldglänzenden Schokoladenhasen.

Doch inmitten dieses vertrauten Treibens spürte Lulus Mutter ein leises Aufbrechen – etwas Neues kündigte sich an.

Während das Leben draußen unbeschwert weiterplätscherte, bereitete sich in ihr ein kleines Wunder auf seine Reise vor.

Und so kam Lulu in der Nacht zum Ostermontag zur Welt – unter dem stillen Schein des Mondes.

Ein kleines Mädchen mit weichen Wangen, einem Hauch von feinem Haar und einem Lächeln, das die Herzen der Krankenschwestern und Ärzte im Nu berührte.

Man nannte sie „Sonnenschein", und als sie später in ihrem kleinen Bettchen lag, schien es, als hätte sie das ganze Licht dieses Ostermorgens in sich aufgenommen.

Wenn ihre Mutter später davon erzählte, füllte sich der Raum mit einer fast greifbaren Wärme.

Ihre Stimme wurde weich wie Samt, ihre Augen glänzten – und Lulu spürte, noch viele Jahre später, wie viel Liebe sie mit ihrer Geburt in diese Welt getragen hatte.

Lulu war das dritte Kind ihrer Eltern.

Eine fünf Jahre ältere Schwester blickte stolz und beschützend auf sie herab, während ihr eineinhalb Jahre älterer Bruder neugierig an der Wiege stand und ihre winzigen Finger bestaunte.

Ihr Zuhause war ein altes Haus mit Charakter, mitten im Herzen der Kleinstadt.

Es erzählte Geschichten – in jedem Knarren der Holzdielen, in jedem Flackern des Kachelofens.

In der Küche stand eine schwere Kochmaschine, auf der an kalten Tagen dicke Suppen köchelten und im Sommer duftende Marmeladentöpfe blubberten.

Im Hof, gleich neben einem verwitterten Schuppen, wuchs üppiger Farn die Mauer empor – seine sattgrünen Blätter rollten sich wie kleine Wunder unter der Sonne auf.

Vor der Terrasse, umgeben von einem weiten Sandplatz, stand eine alte Schaukel. Ihre Seile knarrten im Wind – und genau dort, in diesem Klang, lag das Zentrum des Kinderlebens.

An den Wochenenden füllte sich der Garten mit fröhlichem Stimmengewirr. Die Mütter saßen plaudernd unter dem alten Apfelbaum, während die Väter, zurückgelehnt, angeregt über Dies und Das diskutierten.

Und die Kinder tobten durch das grüne Paradies – mit Sand an den Knien und Glück im Gesicht.

In dieser kleinen, heilen Welt blühte Lulu auf.

Der Garten war ihr Himmel auf Erden.

Bunte Blumen rankten sich aus schweren, alten Kübeln – Ringelblumen, Astern, Sonnenblumen – und lockten Hummeln und Schmetterlinge an, die wie fliegende Juwelen durch die warme Luft tanzten.

Hier summte das Leben.

Es duftete nach Erde, Sonne und endlosen Sommern.

Oft saß Lulu auf der kleinen Holzbank unter dem Holunderbusch, die nackten Füße im warmen Sand, während ihre Mutter ihr aus der Küche zuwinkte.

Drinnen summte das Leben anders – behaglich, vertraut.

Das leise Surren der Nähmaschine begleitete viele Nachmittage, während Lulu und ihre Geschwister zu ihren Füßen spielten.

Die Mutter nähte liebevoll Kleider für die Mädchen, mit Rüschen und bunten Bändern, und Hosen für den großen Bruder.

Die feinen Stoffe schienen Geschichten zu tragen – von Abenteuern, von Prinzessinnen, von Sommerfesten unter dem Sternenhimmel.

In diesem alten Haus war Lulu geborgen.

Geborgen in den Liedern, die ihre Mutter beim Kochen summte.

Geborgen in der Wärme der Kachelöfen, die im Winter die Fenster beschlagen ließen.

Geborgen in den Geschichten, die abends vorgelesen wurden, wenn draußen langsam die Dunkelheit herabsank und drinnen eine Petroleumlampe die Schatten an die Wände tanzen ließ.

Sonntage waren heilig.

Dann zog es die Familie hinaus in den Wald am Stadtrand. Mit Körben und Decken ausgestattet, ließen sie sich auf weichen Wiesen nieder, atmeten die klare Luft und lauschten den Stimmen der Erwachsenen. Die Väter zeigten den Kindern, wie man auf Grashalmen pfeifen konnte, während die Mütter sich über das Leben austauschten.

Lulu liebte diese Ausflüge – dieses Gefühl, Teil eines lebendigen Stroms aus Familie und Freundschaft zu sein.

Und dann war da noch Weihnachten.

Ein Fest, das Lulu wie einen glitzernden Schatz in ihrem Herzen trug.

Der große Weihnachtsbaum – geschmückt mit goldenen Kugeln und echten Kerzen – stand festlich im Wohnzimmer.

Darunter eine liebevoll aufgebaute Krippenlandschaft: Holzfiguren, Schafe aus Wolle, ein Stall aus dunklem Holz.

Die Tradition war tief verwurzelt – ein Erbe, das von Generation zu Generation weitergegeben wurde.

An jenem Abend hielt Lulu ihre erste Puppe in den Armen. Ein kleines Wesen mit dunklen Augen, weichem Körper und einem hellen Kleidchen.

Zusammen mit einem bunten Teller voller süßer Kostbarkeiten – Mandarinen, Spekulatius, Nüssen und Bonbons – wurde sie zu Lulus erstem Anker in einer Welt, die damals noch unendlich warm und sicher war.

Diese Jahre sangen eine ungebrochene Melodie von Geborgenheit.

Eine Melodie, in die Lulu sich einbettete – die sie im Traum umhüllte und ihr glauben ließ:

Die Welt ist gut.

Ich bin geliebt.

Ich bin sicher.

Alles war Licht.

Alles war Farbe – die Farben der Liebe, des Vertrauens und der stillen kleinen Wunder, die nur ein Kind sehen kann.

Doch irgendwo – weit entfernt, kaum spürbar – schob sich bereits eine dunkle Wolke über den Horizont.

Noch ahnte Lulu nichts davon.

Noch war ihre Welt heil.

Noch war Lulu einfach nur:

Zuhause.

Lulu war voller Licht – ein fröhliches, neugieriges Kind. Doch das Licht trübte sich früh, die Verbindung zur Mutter wurde brüchig. Vielleicht erinnerst auch du dich an die Zeit, als alles noch leicht war – bevor das Leben schwer wurde.

Lass uns diesen Teil in dir noch einmal still und liebevoll betrachten – mit einem Lächeln.

Reflexionsfrage:

Was war in deiner Kindheit leicht, hell oder schön – trotz allem, was später kam?

Denke dabei besonders an die Beziehung zu deiner Mutter (oder Bezugsperson). Gab es kleine Momente von Nähe, Wärme, Geborgenheit?

Wenn du möchtest, schließe die Augen, nimm einen tiefen Atemzug und ruf ein solches Bild in dir wach. Es muss nichts Großes sein. Manchmal reicht eine Geste, ein Duft, ein Blick.

Übung: Der Brief an dein inneres Kind

Nimm ein Blatt Papier und male oder beschreibe eine Erinnerung, in der du dich als Kind **geborgen, lebendig oder gesehen** gefühlt hast. Dabei geht es nicht um Kunst oder Richtigkeit – sondern darum, **eine Verbindung herzustellen zu dem Teil in dir**, der noch da ist.

Wenn du magst, ergänze diesen Satz schriftlich oder in Gedanken:

"Ich war damals ein Kind, das ..."

... mit offenen Augen die Welt entdeckte.

... nur in den Arm wollte, wenn es traurig war.

... einfach dazugehören wollte.

Diese Übung ist der erste Schritt, das Band zwischen dir und deiner Mutter zu betrachten – nicht aus Vorwurf, sondern aus Mitgefühl. Und sie öffnet die Tür zu einer neuen Verbindung: zu dir selbst und zu den Menschen, die du heute liebst und prägst.

Seite für Notizen:

Platz für deine Gedanken, Erkenntnisse und Pläne

Kapitel 2: Der Tag, an dem alles zerbrach

Es war ein Tag, den Lulu nie vergessen sollte.

Nicht wegen eines Datums oder einer bestimmten Uhrzeit – sondern wegen einer Stimmung. Einer Stille, die schwerer war als jedes Geräusch. Einer Leere, die alles verschluckte.

An diesem Morgen war die Welt eine andere geworden. Kein Duft von frischem Brot. Kein Summen der Stimmen, die sonst das Haus erfüllten. Nur eine dumpfe, bleierne Schwere, die sich wie ein Tuch über alles legte. Lulu saß still am Rand ihres kleinen Bettes, die Beine baumelten haltlos in der Luft. Sie spürte, dass etwas nicht stimmte, konnte es aber nicht greifen. Alles war zu leise. Zu fremd.

Ihre Mutter stand reglos am Fenster. Die Stirn lehnte gegen die kalte Scheibe, als würde sie in der Ferne etwas suchen, das längst verloren war. Ihre Schultern zuckten leicht. Ein Zittern durchlief ihren Körper – nicht vor Kälte, sondern vor Schwäche. Lulu konnte es nicht benennen, aber sie sah es: Ihre Mutter war nicht mehr dieselbe.

Später erfuhr Lulu, was passiert war.

Lungentuberkulose, sagten die Erwachsenen.

Ein großes, beängstigendes Wort, das wie ein Stempel über der Familie hing.

Ihre Mutter war schwer krank. Ansteckend. Und musste ins Krankenhaus. Für lange Zeit. Zu lange für ein kleines Mädchen wie Lulu.

Aber an jenem Tag wusste Lulu nur eines:

Ihre Welt brach auseinander.

Ein kleiner Koffer wurde gepackt. Kein warmes Wort. Keine Umarmung. Kein liebevoller Blick. Nur die mechanischen Bewegungen der Hände ihrer Mutter, die stumm ein paar Kleidungsstücke falteten – als wären es nicht Lulus, sondern die einer Fremden.

Lulu beobachtete sie schweigend. Ihr Herz pochte laut, doch ihre Stimme versagte. Keine Fragen. Keine Tränen. Nur dieses dumpfe Gefühl in der Brust, das sich wie ein Stein anfühlte.

Als sie über die Schwelle trat, spürte sie mit jedem Schritt, dass sie etwas zurückließ.

Etwas, das sie nicht benennen konnte – aber das ihr Halt gegeben hatte. Die Küche mit dem Duft nach Äpfeln und frischem Brot.

Die Ecke im Wohnzimmer, wo sie ihre Puppe zu Bett brachte.

Die weichen Hände ihrer Mutter auf ihrem Haar – alles blieb zurück wie Bilder in einem Buch, das jemand zuklappte, ohne zu fragen, ob sie fertig gelesen hatte.

Hinter ihr schloss sich die Tür. Kein Knall, kein letztes Wort. Nur dieses dumpfe Klicken, das sich in ihr festsetzte wie ein Echo, das nie ganz verklang.

Sie drehte sich noch einmal um.

Sah ihre Mutter durch das Fenster.

Regungslos.
Die Hand an der Scheibe.

Und in ihren Augen lag eine Traurigkeit, die Lulu nie zuvor gesehen hatte. Sie sah ihre Mutter – und doch war es, als wäre sie schon fort.

Lulu hob nicht die Hand. Sie winkte nicht.

Sie sagte nichts.

Ihre Stimme war fort.

Ihre Tränen auch.

Alles, was blieb, war dieses tiefe, drückende Gefühl im Bauch, das sich anfühlte wie ein Abschied, der kein Ende hatte.

In diesem Moment wusste Lulu – ohne es wirklich begreifen zu können – dass etwas zu Ende gegangen war.

Nicht nur der Tag.

Nicht nur die Umarmung.

Sondern etwas Tieferes, das sie noch nicht benennen konnte. Sie spürte einen Riss, der durch alles ging, was sie bis dahin gekannt hatte.

Etwas war zerbrochen.

Leise.
Endgültig.

Lulu wurde zu ihrer Tante gebracht.

In ein Haus, das nach anderen Regeln roch – nach Fremdheit und Strenge.
Der vertraute Garten mit dem Farn und den Schmetterlingen: verschwunden.
Die Lieder, die ihre Mutter beim Kochen summte: verstummt.
Stattdessen: karge Möbel, klare Regeln, keine Fragen.

„Gefühle sind unnötig", schienen die Wände zu flüstern.

„Stell dich nicht so an."

Nachts lag Lulu in einem schmalen Bett, das nicht nach Zuhause roch.
Sie presste das Gesicht in das Kissen, das nicht nach ihrer Mutter duftete.
Und jedes Mal, wenn sie die Augen schloss, sah sie den Moment wieder vor sich:

Die Hände, die ihren Koffer packten.

Das Zittern.

Die Kälte im Blick.

Und sie fragte sich:

Habe ich etwas falsch gemacht?

Niemand erklärte ihr, dass ihre Mutter krank war.

Niemand sagte ihr, dass der Abschied nichts mit ihr zu tun hatte.

Niemand sagte: „Du darfst traurig sein."

Und so begann Lulu, ihre Gefühle in sich einzuschließen.

Sie begann, stark zu sein.

Stark, wie es ihre Mutter immer hatte sein müssen.

Stark, weil es sonst niemand für sie war.

Mit jedem Tag in dem fremden Haus wurde das Loch in ihrem Herzen tiefer.

Das Vertrauen kleiner.

Die Hoffnung stiller.

Was sie an diesem Tag verlor, war nicht nur ihr Zuhause.

Es war der Glaube an bedingungslose Liebe.

An ein Leben, das sie sicher hielt.

Später, viel später – als sie selbst Mutter wurde – würde sie begreifen:

Es war keine Absicht gewesen.

Es war Überforderung.

Es war Schmerz.

Es war Angst.

Denn auch ihre Mutter hatte ihre Mutter verloren.

Mit zehn Jahren.

An eine Lungenkrankheit.

Kurz nach dem Geburtstag.

Kurz vor Weihnachten.

Und nie darüber gesprochen.

Auch ihre Mutter war ein kleines Mädchen gewesen, das plötzlich funktionieren musste.

Das nie gefragt hatte, wohin mit all dem Schmerz.

Und so hatte sie ihn weitergetragen.

In sich.

In Lulu.

In jede ungesagte Entschuldigung.

In jedes Schweigen.

Lulu wusste das damals noch nicht.

Aber mit dem Schließen dieser Tür an jenem Tag begann ein Kreislauf, der sich durch Generationen ziehen sollte.

Wie ein stiller Fluch, weitergereicht über Herzschläge,

über ungesagte Worte,

über Tränen, die nie geweint werden durften.

Und doch – auch das sollte Lulu eines Tages begreifen:

Dieser Schmerz war nicht das Ende.

Es war der Anfang ihrer Reise zurück zu sich selbst.

In diesem Kapitel wird deutlich:

Ein einziger Moment kann ausreichen, um ein kindliches Weltbild für immer zu erschüttern. Die Erfahrung von Trennung, Verlust und emotionaler Kälte hinterlässt Spuren – nicht nur in Lulu, sondern später auch in ihrer eigenen Mutterrolle.

Vielleicht erinnerst du dich beim Lesen an einen Moment, der für dich ein innerer Wendepunkt war. Oder an ein Gefühl, das du damals nicht greifen konntest – aber das dich bis heute begleitet.

Die folgenden Impulse laden dich ein, sanft auf deine eigene Geschichte zu blicken – nicht um alte Wunden aufzureißen, sondern um sie achtsam zu benennen und ihnen den Raum zu geben, den sie verdienen.

Reflexion und Übung

Gab es in deiner Kindheit einen Moment, in dem du plötzlich das Gefühl hattest, allein zu sein – emotional oder tatsächlich? Was hast du in diesem Moment gebraucht, aber nicht bekommen?

Du kannst diese Frage auch auf eine Bezugsperson übertragen, wenn du keine Tochter oder Mutter hast – wichtig ist, dass du der Emotion auf die Spur kommst.

Übung: "Die innere Umarmung"

Nimm dir 5–10 Minuten Zeit. Setz dich ruhig hin und schließe, wenn du magst, die Augen. Stell dir vor, du begegnest deinem jüngeren Ich – vielleicht in dem Alter, in dem du dich besonders verloren, traurig oder unverstanden gefühlt hast.

Was braucht dieses Kind gerade?

Stell dir vor, wie du ihm genau das gibst – ein warmer Blick, eine sanfte Umarmung, ein „Ich bin da".

Bleib so lange in dieser inneren Begegnung, wie es sich gut anfühlt. Wenn du möchtest, schreib im Anschluss einen kurzen Satz auf:

„Ich sehe dich. Und ich bin jetzt für dich da."

Wenn du magst, nimm dieses Ritual immer wieder auf – es kann zu einem Anker werden auf deinem Weg, liebevoller mit dir selbst und deinen Mustern umzugehen.

Im nächsten Kapitel begleiten wir Lulu zurück an einen Ort, der einmal Heimat war – und dann ganz fremd wurde.

Ein Kapitel über Entwurzelung, Rückkehr und das Suchen nach Halt.

Bist du bereit?

Seite für Notizen:

Platz für deine Gedanken, Erkenntnisse und Pläne

Kapitel 3: Ein Jahr Einsamkeit

Das Haus der Tante war still. Aber es war nicht die wohltuende Stille, die Lulu aus ihrem Zuhause kannte – nicht das leise Summen der Nähmaschine, nicht das Knistern des Ofens, nicht das zarte Singen der Mutter. Diese Stille war anders. Schwer. Dicht. Sie legte sich wie ein kalter Schleier über alles und ließ selbst das Ticken der Uhr bedrohlich laut erscheinen.

Schon am ersten Morgen spürte Lulu, dass hier etwas fehlte. Etwas, das sie bisher für selbstverständlich gehalten hatte: Wärme. Zuwendung. Liebe.

„Aufstehen! Frühstück gibt's nicht ewig!", rief die Stimme der Tante durch die geschlossene Tür. Hart. Fremd. Lulu blinzelte in das fahle Licht, das durch das kleine Fenster fiel. Das Bett war hart, die Decke kratzig, das Zimmer roch nach kaltem Staub und alten Möbeln. Ihr Herz zog sich zusammen. Alles an diesem Ort fühlte sich falsch an – als wäre sie aus ihrer eigenen Geschichte herausgerissen und in eine andere geworfen worden, in der sie keine Rolle hatte.

In der Küche roch es nach abgestandenem Kaffee und trockenem Brot. Die Tante saß hinter einer aufgeschlagenen Zeitung, als wolle sie sich vor der Welt – und vor Lulu – verstecken. Vor ihr stand ein Teller, darauf eine einzelne Scheibe Brot. Kein Lächeln. Kein Blick. Lulu setzte sich still, ihre kleinen Hände in den Schoß gelegt. Sie begriff schnell: Ein stilles Kind war ein gutes Kind. Und wer nicht auffiel, lief vielleicht weniger Gefahr, noch mehr zu verlieren.

Die Tage zogen vorbei wie durch trüben Nebel. Grau. Gleichförmig. Lulu lernte, ihre Bedürfnisse zu verstecken. Ihre Sehnsucht in sich einzuschließen. Wenn sie weinte, weil sie ihre Mutter vermisste, zeigte die Tante mit einem stummen Finger auf die Kellertreppe.

Der Keller wurde zu Lulus Zuflucht – dunkel, feucht, muffig. Und doch der einzige Ort, an dem sie ihre Tränen nicht verstecken musste. Dort, zusammengerollt auf der untersten Stufe, flüsterte sie immer wieder denselben Satz: „Mama kommt bald zurück. Mama kommt bald zurück."

In dieser Dunkelheit wuchs eine neue Welt in ihr heran. Lulu erschuf sich einen Garten in ihrem Herzen – voller Licht, voller Farben, voller Leben. Dort war sie frei. Dort war sie wieder Lulu, das Kind aus Licht. Diese inneren

„Sonnenmomente", wie sie sie nannte, wurden ihr Rettungsanker. Während um sie herum nur Kälte herrschte, wuchs in ihr etwas Eigenes. Ein zarter, leuchtender Teil, der überleben wollte.

Manchmal, wenn Tante Elfriede sie mit zum Geflügelhof nahm, spürte Lulu einen Hauch von Leichtigkeit. Auf dem Kindersitz vor dem Fahrrad, eingehüllt in den Fahrtwind, schloss sie die Augen, hob die Arme und stellte sich vor, sie wäre ein Vogel – frei, schwerelos, unberührt. Nur ein Moment. Aber er reichte, um ihr Herz wieder daran zu erinnern, dass es schlagen konnte.

Doch solche Momente waren selten. Meistens lernte Lulu zu schweigen, wo sie hätte schreien wollen. Einmal trieb man sie aus Spaß in den dunklen Schweinestall, lachte über ihre Angst, über ihre Tränen. „War doch nur ein Spaß", sagten die Erwachsenen. Doch für Lulu war es Verrat. Ein leiser, tiefer Verrat an ihrem Vertrauen in die Welt. Und etwas in ihr begann, sich für immer zu verschließen.

Nicht sichtbar – aber spürbar. Lulu blieb das brave, stille Kind. Doch innerlich baute sie Mauern. Schicht für Schicht legte sie Schutzwände um ihr Herz. Sie lernte: Gefühle machen verletzlich. Liebe kann verschwinden. Schmerz muss allein getragen werden. Und so vergrub sie all die Wärme, all das Leuchten, tief in sich. Nicht verloren – aber verborgen.

Diese Mauern sollten später auch zwischen ihr und ihrer eigenen Tochter stehen.

Denn wie sollte man trösten, wenn man nie getröstet wurde? Wie Nähe zulassen, wenn man gelernt hatte, sich zu verschließen? Lulu hatte nie erfahren, wie Liebe aussieht, wenn sie bleibt. Sie kannte nur das Verstummen. Nur das Verschwinden. Und unbewusst trug sie all das weiter – in Blicken, in Berührungen, in Momenten, in denen sie selbst zur Mutter wurde.

Die Einsamkeit jener Kindheit spannte sich wie ein unsichtbarer Schleier über die Jahre – leise, aber hartnäckig. Und das, was Lulu selbst nicht hatte leben dürfen, konnte sie nicht einfach weitergeben.

Und doch – so tief der Schmerz auch reichte, so dunkel die Schatten waren – in Lulu lebte ein Funken. Ein leiser, unerschütterlicher Funke Hoffnung. Eine Ahnung davon, dass es mehr geben musste als Schweigen. Dass Liebe nicht immer wehtun muss. Dass Freiheit möglich ist.

Vielleicht, so dachte sie manchmal, ganz heimlich: Vielleicht würde sie eines Tages das weitergeben können, was sie sich selbst immer gewünscht hatte.

Vielleicht würde aus ihrem stummen Schrei eines Tages ein Lied entstehen.

Ein Lied von Liebe.

Ein Lied von Wahrheit.

Ein Lied von Freiheit.

Und vielleicht – ganz vielleicht – würde ihre Tochter es eines Tages hören.

Lulus Jahr in der Fremde war geprägt von einer Kälte, die nicht von der Jahreszeit kam, sondern aus einer unsichtbaren Quelle strömte – aus Entbehrung, aus emotionalem Mangel, aus Einsamkeit. Es war das erste Mal, dass sie vollkommen auf sich allein gestellt war – und das in einem Alter, in dem Kinder Geborgenheit und Verbindung am dringendsten brauchen.

Diese Phase ihres Lebens wurde zu einem Grundstein für viele spätere Überzeugungen: *Ich bin zu viel. Ich darf nichts fühlen. Ich muss allein klarkommen.*

Und doch – gerade in dieser Stille, in diesem inneren Rückzug, wuchs auch ein leiser Keim von Widerstand. Der Wunsch nach etwas anderem. Nach Wärme. Nach Liebe, die bleibt. Vielleicht kennst du dieses Gefühl auch – diese stille Einsamkeit, die sich durch ein Leben ziehen kann. Und vielleicht ist genau jetzt der Moment gekommen, ihr Raum zu geben – nicht, um in ihr zu verweilen, sondern um sie zu verstehen und zu verwandeln.

Reflexion und Übung

In welchen Momenten deines Lebens hast du gelernt, dich selbst zu „halten", weil niemand anders da war – und was hat dir damals am meisten gefehlt?

(Du darfst frei und ehrlich antworten. Es geht nicht darum, Schuld zuzuweisen – sondern darum, zu erkennen, wie du dich selbst heute liebevoll begleiten kannst.)

Übung: Wärme zurückholen – mit der Hand aufs Herz

Diese Übung soll dir helfen, das Gefühl von innerer Kälte zu wandeln – nicht durch Denken, sondern durch bewusste Körperverbindung:

1. **Finde einen ruhigen Ort.** Setz dich bequem hin.

2. **Leg deine Hand auf dein Herz.** Ganz sanft. Ohne Druck.

3. **Atme tief ein.** Und während du ausatmest, sprich leise oder innerlich:

   „Ich bin hier. Ich sehe dich. Du bist nicht allein."

4. **Bleibe so für ein paar Minuten.** Stell dir vor, wie sich ein warmer Lichtschein unter deiner Hand ausbreitet – genau dorthin, wo es einst so kalt war.

5. **Wenn Tränen kommen, dürfen sie fließen.** Wenn keine kommen, ist auch das genau richtig.

Diese Übung kannst du täglich machen – als liebevolle Geste zu dir selbst. Als Ritual, das zeigt: *Ich halte mich. Heute. Jetzt.*

Seite für Notizen:

Platz für deine Gedanken, Erkenntnisse und Pläne

Kapitel 4: Rückkehr in ein fremdes Zuhause

Ein Jahr. Eine Ewigkeit für ein kleines Kind. Lulu hatte gelernt, sich der Kälte zu fügen, sich still durch die Tage zu bewegen, ohne aufzufallen. Der Keller war ihr Rückzugsort geworden, ihre Fantasiewelten das Einzige, was sie warmhielt.

An einem grauen Morgen lag etwas in der Luft – dichter, schwerer als sonst. Kein Ruf, kein Klappern aus der Küche, nur ein ungewohntes Schweigen.

Tante Elfriede stand plötzlich im Türrahmen, die Hände in die Hüften gestemmt, den Blick hart. „Pack deine Sachen", sagte sie, ohne Lulu anzusehen. Ihre Stimme war schneidend, wie ein Windstoß mitten ins Herz.

Lulu gehorchte, mechanisch. Sie wagte keine Fragen. Ihre kleinen Hände falteten das Kleid ihrer Puppe, das Bilderbuch legte sie behutsam obenauf. Niemand achtete darauf, niemand half ihr.

Als sie über die Schwelle trat, spürte sie mit jedem Schritt, dass sie etwas zurückließ. Etwas, das sie nicht benennen konnte, aber dass ihr Halt gegeben hatte. Die schmale Kellertreppe, der Duft nach Heu im Stall, sogar die Stille – alles blieb zurück wie Bilder in einem Buch, das jemand zuschlug, ohne zu fragen, ob sie fertiggelesen hatte.

Die Haustür fiel hinter ihr ins Schloss. Kein Knall, kein letztes Wort. Nur dieses dumpfe Klicken, das sich tief in ihr festsetzte.

Die Rückfahrt war still. Lulu drückte die Puppe an sich, starrte in das Grau hinter der Scheibe, spürte, wie ihr Magen sich zusammenzog.

Als das Auto vor dem Elternhaus hielt, war da keine Freude. Kein Willkommen. Nur das Gewicht der Erinnerungen, das auf ihr lastete.

Die Tante brachte Lulu bis ins Haus, blieb im Rahmen des Hauseingangs stehen, stellte die Koffer wortlos ab und ging. Keine Hand auf der Schulter, kein Blick. Einfach ein Gehen. Lulu stand allein im Flur, verwirrt, verängstigt. Ihre kleinen Finger umklammerten die abgenutzten Griffe des Koffers. Ihr Blick suchte Orientierung, Halt, ein vertrautes Zeichen – vergebens.

Am Ende des langen Flures stand ihr Vater, wie ein Schatten im Rahmen der Küchentür. Seine Gestalt wirkte schmaler, älter. Er winkte sie zu sich und sagte: „Hier ist sie." Nicht mehr. Nicht weniger.

In Lulus Herz hatte sich eine vage Vorstellung eingenistet. Eine heimliche Hoffnung, blass und doch in den schönsten Farben gemalt. Vielleicht – nur vielleicht – wäre nun alles wieder gut. Vielleicht würde Mama sie in die Arme schließen, ihr ins Ohr flüstern, dass sie sie vermisst hat. Vielleicht wäre wieder Frühling in ihrem Leben. Doch all das zerplatzte in dem Moment, in dem sie die Küche betrat. Wie eine Seifenblase, die lautlos zerfällt, sobald man sie berühren will.

Ihre Mutter saß auf der Eckbank, zusammengesunken wie ein Häufchen Elend, die Hände fest um ein zerknülltes Taschentuch gekrallt. Sie hob den Kopf – langsam, schwer. Ihre Augen waren rot, vom Weinen verquollen, leer und doch voller unausgesprochener Bitten.

„Mein armes Mädchen ..."

Ein Flüstern. Eine Erschütterung in der Luft. Lulu blieb stehen, wie angewurzelt. Dann löste sich ihre Hand vom Koffer, die Puppe glitt zu Boden, und sie trat langsam auf ihre Mutter zu.

Die Mutter öffnete die Arme, zaghaft, verzweifelt – eine Geste, in der sich Hoffnung und Schuld wie alte Bekannte gegenüberstanden. Lulu ließ sich hineinfallen. Doch es war kein Ankommen.

Die Umarmung war fest, zu fest. Keine wärmende Hülle, sondern ein Griff, der drückte, der hielt, der klammerte – und Lulu hatte das Gefühl zu ersticken. Es war, als würde die Mutter all ihre Sorgen, ihre Traurigkeit, ihre unerträgliche Schwere auf Lulu abladen. Sie war kein Kind in einem willkommenen Moment – sie war ein Gefäß für den Schmerz der anderen. Ihr kleiner Körper spannte sich an, der Atem wurde flach, und Tränen wollten fließen, aber blieben gefangen.

Der vertraute Duft der Mutter – Seife, Lavendel – löste eine Flut von Erinnerungen aus, gegen die sie sich nicht wehren konnte. Erinnerungen an eine Zeit, in der sie sich sicher gefühlt hatte. In der Geborgenheit kein Wort war, sondern ein Gefühl.

Doch in dieser Umarmung war keine Geborgenheit mehr. Nur Schwere. Nur eine Nähe, die erdrückte. Lulus kleine Hände blieben reglos. Sie wagte es nicht, die Umarmung zu erwidern. In ihrem Inneren tobte ein Sturm: Panik, Trauer, Verwirrung – ein brodelndes Meer an Gefühlen ohne Namen.

Die Mutter drückte sie fester, als könnte sie Lulu damit zurückholen, die verlorene Zeit wiedergutmachen. Doch Lulu spürte nur, wie sie tiefer sank. Die Last auf ihren Schultern wuchs mit jedem Atemzug.

Schließlich löste die Mutter die Umarmung, streichelte ihr flüchtig über das Haar, suchte ihren Blick. Doch Lulu wich aus. Ihr Kopf drehte sich leicht zur Seite, die Augen blieben am Boden.

Ein leises Seufzen – mehr ein Zusammenbruch der Hoffnung – entwich der Mutter. Sie murmelte: „Es wird wieder gut." Aber selbst sie glaubte es nicht.

Und Lulu wusste: Nichts würde je wieder gut werden.

An diesem Abend lag Lulu in ihrem alten Bett, das sich fremd und kalt anfühlte. Sie lauschte den Stimmen ihrer Eltern aus der Küche. Sie verstand die Worte nicht, doch der Klang war schwer, erschöpft, voll unausgesprochener Vorwürfe.

Die Decke zog sie bis ans Kinn. Ihre Puppe lag stumm neben ihr. Ihr Herz pochte schwer, jeder Schlag ein Echo der Leere.

Sie dachte an die Kellertreppe bei der Tante, an den Lichtstreifen unter der Tür. Dort war sie allein gewesen, aber in sich geborgen. Hier, bei den Menschen, die sie einst geliebt hatte, war sie noch einsamer.

Sie spürte, dass etwas in ihr zerbrochen war. Etwas, das sich nicht einfach wieder zusammensetzen ließ. Die vertrauten Stimmen ihrer Geschwister waren verstummt. Das Haus war nicht länger ein Zuhause. Es war ein Ort voller Schatten, voller unausgesprochener Trauer, voller Fragen ohne Antworten.

In dieser Nacht, in der kalten Stille ihres fremd gewordenen Zimmers, legte Lulu einen stillen Schwur ab: Sie würde stark sein. Niemandem zur Last fallen. Ihren Schmerz verstecken. Ihre Sehnsucht verschließen.

Und sie würde sich eine eigene Welt erschaffen. Eine Welt, in der sie geliebt wurde – nicht für das, was sie tat, sondern weil sie war.

Die Rückkehr war kein Ende der Einsamkeit. Sie war der Beginn einer langen Reise durch das Labyrinth des Schweigens.

Und doch – tief in Lulu glomm ein unerschütterlicher Funke: Vielleicht. Irgendwann. Würde jemand sie wirklich sehen.

Manchmal beginnt Heilung dort, wo wir die Muster erkennen, die uns einst das Herz verschlossen haben. Lulus Rückkehr in das Elternhaus war kein Neubeginn, sondern ein erneutes Eintauchen in eine Atmosphäre von Kälte, Schweigen und Unsichtbarkeit – Gefühle, die viele Kinder nur allzu gut kennen.

Doch gerade in solchen Momenten, in denen kein Blick, keine Hand, kein Willkommen da ist, entsteht eine Frage, die uns zutiefst prägt:

Was bin ich wert, wenn niemand mich sieht?

Diese Szene lädt ein, mit liebevollem Blick zurückzuschauen: Nicht, um in der Vergangenheit zu verharren, sondern um zu verstehen, welche Schutzmechanismen wir heute noch leben – und welche wir vielleicht loslassen dürfen.

Reflexion und Übung

Reflexionsfrage

Wann in deinem Leben hattest du das Gefühl, „einfach abgestellt" oder „nicht willkommen" zu sein – und was hast du damals über dich selbst geglaubt?

(Nimm dir einen Moment, diese Szene aus deinem Leben aufzuschreiben oder innerlich nachzuspüren. Gibt es eine Stimme, die seitdem in dir spricht?

Welche Sätze hast du vielleicht übernommen, obwohl sie gar nicht zu dir gehören?)

Übung: Die Schwelle zurück – Visualisierungsreise

Für alle, die sich selbst wieder näherkommen möchten.

Diese Übung unterstützt dich dabei, das Gefühl von Nicht-Gesehenwerden behutsam zu verwandeln.

Alles, was du brauchst, ist ein ruhiger Ort und etwa 10–15 Minuten ungestörte Zeit nur für dich.

1. Schließe die Augen.

> Stell dir vor, du gehst langsam auf ein Haus zu. Es kann das Haus deiner Kindheit sein – oder ein sinnbildlicher Ort, der für deine frühe Lebenszeit steht. Lass ihn entstehen, wie er für dich gerade auftaucht.

2. Du stehst vor der Tür.

> Atme tief ein und spüre in dich hinein:
> Wer bist du heute – als erwachsener Mensch, mit all deinen Erfahrungen, all deinem Gewordensein?

3. Nun öffne die Tür.

> Dort drinnen wartet dein jüngeres Ich auf dich – vielleicht fünf oder sechs Jahre alt. Schau diesem Kind in die Augen. Ganz ruhig. Ganz ehrlich.

4. Sprich innerlich zu ihm, ihr oder ihnen:

> – „Du bist nicht allein."
> – „Ich sehe dich."
> – „Du bist willkommen."

5. Streck die Hand aus und nimm dein jüngeres Ich bei der Hand.

> Verlass gemeinsam mit ihm das Haus.
> Geh mit ihm an einen Ort, der für dich Wärme, Geborgenheit und Schutz ausstrahlt. Vielleicht ein Garten, ein Strand, eine Lichtung im Wald – dein innerer Raum kennt den Weg.

6. Lass dort ein Bild entstehen:

> Wie ihr beisammen seid.
> Wie du das Kind in dir hältst.
> Wie Frieden in dir einkehrt – still, sanft und wahrhaftig.

Wenn du magst, schreib im Anschluss auf, was du erlebt oder gefühlt hast. Vielleicht möchtest du deinem inneren Kind einen Brief schreiben – oder einfach nur still spüren, wie sehr du dich heute selbst halten kannst. Und darfst.

Du bist da. Du bist willkommen. Du darfst heil sein.

Seite für Notizen:

Platz für deine Gedanken, Erkenntnisse und Pläne

Kapitel 5: Die Krankheit der Mutter

Nach Lulus Rückkehr schien es, als wolle die Familie verzweifelt anknüpfen an das, was einmal gewesen war. Die Tage waren erfüllt von kleinen Gesten der Normalität – Nachmittage im Garten, an denen der Wind die Blätter flüsternd durch die Luft trug, Ausflüge an den See, bei denen die Kinder lachten, als könnte all das Verschwundene einfach überspielt werden, und Abende am Esstisch, bei denen der Duft von frischem Brot und warmer Suppe für einen Moment so tat, als sei die Welt heil.

Lulu ließ sich tragen von dieser zarten Hoffnung, ließ sich wiegen in dem Gedanken, dass alles wieder gut werden könnte. Die Stimme ihrer Mutter, das Lachen ihrer Geschwister, das Summen des alten Radios auf der Fensterbank – sie legte diese Klänge wie Decken über die Kälte in ihrem Inneren und versuchte zu vergessen, dass sie jemals anders gefühlt hatte.

Doch es gab Augenblicke, die sich wie Risse in dieses neu geflickte Leben schoben. Momente, in denen die Zeit innehielt, als würde der Atem des Hauses stocken. Niemand sprach über das Jahr, das vergangen war. Niemand fragte Lulu, wie es gewesen war. Es war, als sollte dieses Jahr gelöscht werden – aus dem Gedächtnis, aus der Geschichte, aus den Herzen. Stattdessen war es ein vorsichtiges neues Kennenlernen, ein Tastversuch innerhalb der Familie, als wäre Lulu eine ferne Verwandte, die plötzlich zurückgekehrt war und sich ihren Platz erst wieder verdienen musste.

Es begann mit dem Brummen, diesem tiefen, kehlig vibrierenden Laut, der jede Wärme aus der Luft sog, der die Geräusche verstummen ließ, als hätte jemand einen Schleier über die Welt gelegt.

Lulu sah dann, wie ihre Mutter erstarrte. Keine wilden Zuckungen, kein krampfendes Aufbäumen, sondern eine vollkommene Starre, eine angespannte Härte, die sich von den Fingerspitzen bis in die Schultern fraß, bis der ganze Körper zu einem stummen, steinernen Denkmal wurde.

Sie wusste sofort, was zu tun war. Wie von einer unsichtbaren Kraft gelenkt, stürmten die Kinder herbei, rissen behutsam Tassen, Messer oder Stricknadeln aus den erstarrten Händen der Mutter, bevor sie sich an ihnen verletzen konnte. Ihr Vater stand dann meist daneben, den Kiefer verkrampft, die

Hände zu Fäusten geballt, die Worte in seinem Hals gefangen wie Vögel, die sich an den Gittern ihrer Käfige wundflogen.

Wenn der Anfall vorüber war, blieb die Mutter oft reglos auf einem Stuhl sitzen, die Schultern eingefallen, den Blick auf einen unsichtbaren Punkt gerichtet – weit entfernt von allem, was gegenwärtig war. Die Luft im Raum verdichtete sich, als wolle sie vermeiden, noch ein weiteres Gewicht auf diesen Moment zu legen. Und dann kam sie – die immer gleiche Frage, fast flüsternd, fast wie ein Echo: *„Was ist denn passiert?"*

Ihre Stimme wollte leicht klingen, aber Lulu hörte das Zittern darunter, das Unwissen, das darin wohnte. Die Mutter wusste nicht, was geschehen war. Nicht vorher, nicht währenddessen, manchmal noch lange danach nicht. Und so sagten sie es ihr, immer wieder, vorsichtig, fast wie ein Mantra: *„Du hattest einen Anfall. Aber alles ist gut."*

Doch es war nie gut.

Lulu wusste es besser. Sie spürte es in der Art, wie ihre Mutter blinzelte, wie ihre Finger sich an der Sessellehne festhielten, als könnte sie sich so an der Realität verankern. Sie spürte es in der Stille, die danach kam – nicht beruhigend, sondern schwer, wie ein Tuch aus Blei über dem Raum. Und sie sah es in den Augen ihrer Mutter, wenn sie glaubte, niemand schaue hin: den Schimmer aus Schmerz und Scham, das Aufblitzen von Hilflosigkeit.

Aber da war nicht nur die Müdigkeit der Mutter. Da war auch die Wut des Vaters – messerscharf und bitter. Sie kam nicht laut, sondern schleichend, in Blicken, im Tonfall, in den Worten, die wie Schläge wirkten, obwohl sie leise gesprochen wurden.

„Die tut doch nur so."

Es war kein Satz, es war ein Urteil. Ein Gift, das sich durch die Ritzen des Hauses zog und alles vergiftete, was Wärme hätte sein können.

Und Lulu stand mittendrin.

Ein Kind. Mit kaum mehr als vier Jahren.

Neben ihr ihre beiden Geschwister, ebenso klein, ebenso überfordert, ebenso wachsam.

Drei Kinder – zu klein, um zu verstehen, zu groß, um nicht zu spüren, dass hier etwas zerbrach, was kein Pflaster mehr heilen konnte.

Sie versuchten zu halten, was längst zu kippen drohte. Versuchten zu lachen, wenn es still wurde. Versuchten zu gehorchen, wenn die Spannung stieg. Versuchten zu vergessen, was sich nicht vergessen ließ.

Sie hielten das Haus, nicht mit Händen, sondern mit Seelen, nicht mit Kraft, sondern mit der kindlichen Hoffnung, dass Liebe reicht, um etwas zusammenzuhalten, das längst Risse zeigte.

Und Lulu – so fröhlich im Kern, so voller Licht, lernte in diesen Jahren zu funktionieren, zu trösten, wo sie selbst Trost gebraucht hätte, zu schweigen, wo sie hätte schreien müssen, zu fühlen für alle anderen und dabei sich selbst zu verlieren.

An guten Tagen überspielten sie die Angst mit Umarmungen, mit frisch gebackenem Kuchen, mit sorgfältig geplanten Ausflügen. An schlechten Tagen schlichen sie auf Zehenspitzen durchs Haus, sprachen nur das Nötigste, hielten den Atem an, wenn die Stimme des Vaters lauter wurde und die Miene der Mutter sich verfinsterte.

Es war kein lautes Zerbrechen. Es war ein langsames, schleichendes Verblassen. Ein Verlernen von Sicherheit, von bedingungsloser Nähe. Lulu begann zu verstehen, dass Liebe nicht unerschütterlich war. Dass sie Bedingungen hatte. Dass sie zerbrechen konnte, wenn der Schmerz zu groß wurde.

Sie lernte, dass ihre Mutter trotz allem versuchte, stark zu bleiben – aus einer Liebe heraus, die sich nicht aufgab, auch wenn der Körper streikte und das Herz leise Risse bekam. Und sie lernte auch, dass ihr Vater, der einst so stark gewirkt hatte, der Fels, der Schutz versprach, nicht nur schweigen konnte, sondern schweigen würde, selbst wenn sie schrie – dass er seine eigene Ohnmacht in Wut verwandelte und seine Enttäuschung über das gebrochene Leben an denen ausließ, die am verletzlichsten waren.

Mit jedem Anfall ihrer Mutter, mit jedem kalten Blick des Vaters, mit jedem Schweigen, das sich wie Blei über die Familie legte, wuchs etwas in Lulu heran, dass sie nie wieder ganz loslassen würde: Die tiefe Überzeugung, dass sie nicht belasten durfte. Dass sie stark sein musste, wenn alle anderen schwankten. Dass Liebe bedeutete, still zu leiden, ohne Fragen zu stellen.

Und während das Haus nach außen hin wieder Lachen, Spiele und Spaziergänge zeigte, formte sich im Innersten ein anderes Gesetz – eines, das Lulu für lange Zeit glauben ließ, dass Nähe gefährlich war, dass Schwäche bestraft wurde, dass Schuld ungesagt, aber schwer auf den Schultern lastete. Eine Schuld, die nicht die ihre war. Eine Angst, die nicht ihr Ursprung war. Ein Schweigen, das sie irgendwann selbst in sich tragen würde.

Denn je länger Lulu schwieg, je besser sie sich anpasste, je unsichtbarer sie wurde, desto sicherer war sie – glaubte sie. Und während sie an den guten Tagen lachte und an den schlechten Tagen nur tiefer atmete, lernte sie die wichtigste Lektion dieser Zeit: Dass nicht jeder Schmerz eine Stimme bekommt. Und dass nicht jede Liebe, so groß sie auch sein mag, die Kraft hat, einen Menschen vor sich selbst zu retten.

Manchmal sind es nicht die großen Ereignisse, sondern das Ungesagte dazwischen, das uns am meisten prägt. Dieses Kapitel zeigt eindrücklich, wie das Schweigen einer Familie wie ein Nebel über allem liegt – und wie Lulu versucht, zwischen alten Mustern und neuen Hoffnungen ihren Platz zu finden.

Vielleicht hast du Ähnliches erlebt: dieses vorsichtige Annähern, das gleichzeitige Sehnen nach Nähe und das tiefe Misstrauen gegenüber Momenten der scheinbaren Harmonie.

Nimm dir jetzt einen Moment, um in dich hinein zu spüren.

Reflexionsfrage:

Gab es in deiner Herkunftsfamilie Themen oder Gefühle, über die nie gesprochen wurde – und spürst du, wie dieses Schweigen dein heutiges Erleben von Nähe, Vertrauen oder Verantwortung beeinflusst?

Übung – Das Echo des Ungesagten:

1. Nimm ein Blatt Papier und ziehe eine vertikale Linie in der Mitte.

2. Notiere links alle Sätze oder Themen, die bei euch in der Familie nie ausgesprochen wurden, aber spürbar waren (z. B. „Wir sprechen nicht über Traurigkeit", „Fehler werden nicht verziehen", „Man darf keine Schwäche zeigen").

3. Schreibe rechts daneben, welchen stillen Glaubenssatz du daraus für dein Leben übernommen haben könntest (z. B. „Ich darf keine Fehler machen", „Ich muss stark sein", „Ich bin allein mit meinen Gefühlen").

4. Kreise den Satz ein, der dich heute noch am stärksten begleitet – und formuliere einen neuen Satz, der dich mehr in die Freiheit führt. Zum Beispiel:

„Ich darf mir Unterstützung holen."

oder

„Meine Gefühle sind richtig und dürfen da sein."

Diese Übung darf dich sanft ermutigen, das Schweigen zu durchbrechen – in dir selbst. Und damit eine neue Sprache der Verbundenheit zu finden – vielleicht sogar für die Beziehung zu deiner Mutter. Oder für das Kind, das du einmal warst.

Seite für Notizen:

Platz für deine Gedanken, Erkenntnisse und Pläne

Kapitel 6: Der Tag der Flucht

Langsam, fast unmerklich, hatte sich die Gewalt in das Leben von Lulu und ihrer Familie geschlichen. Was anfangs nur in harschen Worten und ungeduldigen Gesten spürbar gewesen war, wurde mit der Zeit zu etwas Bedrohlichem, das zwischen den Wänden lauerte wie ein unsichtbares Raubtier. Lulu lernte früh, die Stimmung ihres Vaters an seinem Gesichtsausdruck zu lesen, an der Art, wie er die Tür schloss, an dem Tonfall, mit dem er ihre Mutter ansprach. Und immer häufiger spürte sie, wie sich eine eiskalte Angst in ihrem kleinen Körper ausbreitete, lange bevor der erste Schlag fiel.

Oft saß sie auf dem Arm ihrer Mutter, wenn die Wut des Vaters wie ein Sturm losbrach. Ihre Mutter hielt sie fest, schützte sie mit ihrem eigenen Körper, schwieg unter den Schlägen. Lulu fühlte jeden Schlag wie einen dumpfen Stoß gegen ihr eigenes Herz. Sie fragte sich, warum ihre Mutter nicht schrie, nicht weglief, nicht zurückschlug. Warum sie einfach nur aushielt. Und unmerklich lernte Lulu, dass Liebe manchmal bedeutete, zu schweigen, den Schmerz hinzunehmen und sich selbst dabei zu verlieren.

An einem Samstagnachmittag, es war später Herbst, geschah es. Lulu spielte mit ihren Geschwistern im Kinderzimmer. Sie war fünfeinhalb Jahre alt, doch ein eigenartiges Gefühl ließ sie innehalten. Etwas war anders. Eine unsichtbare Unruhe vibrierte in der Luft. Lulu legte ihr Spielzeug beiseite, schlich in den Flur und horchte. Stille. Eine unheimliche, spannungsgeladene Stille.

Wie von einer inneren Stimme getrieben, lief sie auf Zehenspitzen ins Badezimmer. Und was sie dort sah, würde ihr Unterbewusstsein für immer verschließen, wie ein Buch, dessen Seiten zu grausam sind, um sie je wieder aufzuschlagen.

Nur Fetzen blieben – die Erinnerung an ihre Mutter, die sich verzweifelt wehrte, an den stummen, erschütternden Kampf zwischen ihren Eltern, an den entsetzlichen Ausdruck auf dem Gesicht ihrer Mutter.

Lulu spürte, wie ihr Herz raste, wie ihr Atem stockte. Panik griff nach ihr, lähmte sie. Ihre Mutter schrie auf, riss sich los und rannte Richtung Haustür. Lulu folgte ihr instinktiv, sah, wie sie die Tür aufriss und verzweifelt um Hilfe rief. Doch wie so oft blieb die Welt draußen stumm. Kein Nachbar kam, kein

Fenster öffnete sich. Lulu stand neben ihrer Mutter, spürte ihren Schutz, ihre Angst, ihre Entschlossenheit.

Und dann geschah etwas, das Lulu nie vergessen würde. Die Mutter stemmte sich gegen das, was sie so lange ausgehalten hatte. Sie stellte sich zwischen Lulu und den Schmerz, zwischen Lulu und die Gefahr. Sie kämpfte. Nicht mit Fäusten, sondern mit dem Mut einer Mutter, die über sich hinauswächst, wenn es um ihre Kinder geht. In diesem Moment wurde sie zur Löwin – wild, stark, bereit, alles zu riskieren.

Der Vater holte auf, packte nach ihnen. Im letzten Moment griff die Mutter Lulus Arm, zog sie zurück ins Haus, rannte mit ihr ins Kinderzimmer, schloss die Tür ab und stemmte sich schwer atmend dagegen. "Still," befahl sie mit einer Stimme, die keinen Widerspruch duldete. Lulu und ihre Geschwister wagten kaum zu atmen. Sie hörten das Wüten und Poltern draußen, das Dröhnen ihres eigenen Herzschlags in ihren Ohren.

Endlose Minuten verstrichen, bis Stille einkehrte. Dann packte die Mutter hastig eine Tasche mit ein paar Kleidungsstücken, öffnete das Fenster und wies die Kinder an, nacheinander hinauszuklettern. Lulu spürte die kalte Nachtluft auf ihrer Haut, die Dunkelheit, die wie eine schützende Decke über ihnen lag. Sie rannte, stolperte, hielt die Hand ihrer Mutter fest, als sie gemeinsam in die Nacht flohen.

Von diesem Moment an war etwas zwischen Lulu und ihrer Mutter anders. Es war, als hätte sich ein neues Band gesponnen – aus Angst, aus Mut, aus tiefer, unausgesprochener Liebe. Lulu fühlte sich plötzlich wie die Beschützerin ihrer Mutter, als müsste sie nun wachsam sein, stark sein, weil die Mutter es doch so tapfer für sie getan hatte. Und obwohl sie selbst noch ein Kind war, wuchs in ihr das Gefühl, Verantwortung tragen zu müssen – nicht weil es ihr jemand auftrug, sondern weil ihr Herz es ihr sagte.

Zuerst suchten sie Zuflucht bei Freunden. Doch überall, wo sie anklopften, wurden sie aus Angst abgewiesen. Niemand wollte sich mit der Wut ihres Vaters anlegen. Die Türen blieben verschlossen, die Herzen verschlossen. Lulu spürte die Ablehnung wie Nadelstiche auf ihrer Haut. Schließlich fanden sie Unterschlupf bei den Großeltern. Die Tür öffnete sich, und Lulus Großvater stand da, ein massiger, stiller Mann mit warmen Augen. Die Mutter sprach noch etwas – ein paar Worte, eine Erklärung vielleicht, oder eine Entschuldigung. Doch Lulu hörte sie nicht. Ihre Ohren waren offen, aber ihr Inneres war verschlossen. Zu verstört, um die Worte zu fassen, zu erschöpft, um noch zu verstehen. Kein Wort wurde zwischen Lulu und ihrem Großvater gesprochen. Er reichte Lulu nur seine große, raue Hand und sagte: "Komm."

Er führte sie hinaus in die Dunkelheit, setzte sie in seinen alten Wagen und fuhr mit ihr zur kleinen Dorfkirche. In der kühlen Stille der Kirche, angelehnt an den festen, warmen Körper ihres Großvaters, kam Lulu langsam zur Ruhe. Sie spürte seinen ruhigen Herzschlag, hörte die entfernten Geräusche des Windes, sah das flackernde Licht einer Kerze. Schließlich, nach einer langen Weile, hob sie den Kopf und stellte ihm mit zitternder Stimme eine Frage, die aus den tiefsten Schichten ihres erschütterten Herzens kam:

"Warum verletzen Menschen einander?"

Ihr Großvater schwieg einen Moment, bevor er sanft antwortete: "Weißt du, Lulu, wir alle haben den freien Willen. Jeder entscheidet für sich. Entscheide du dich für das Gute – und Gutes wird dir widerfahren."

Diese Worte brannten sich unauslöschlich in Lulus Herz ein. Inmitten all des Schmerzes, der Angst und der Verzweiflung wurde dieser Satz ein leuchtender Funke in ihrem Inneren, ein Anker, an dem sie sich in dunklen Zeiten festhalten konnte.

Doch niemand sprach je über das, was geschehen war. Nicht an diesem Abend. Nicht am nächsten Morgen. Nicht in den Wochen danach. Es war, als wäre der ganze Tag aus der Zeit gefallen, ausradiert wie ein Missgeschick, das man am liebsten ungeschehen machen wollte. Niemand fragte Lulu, wie es ihr ging. Niemand fragte, was sie gesehen hatte, was sie fühlte, was sie träumte. Keine Umarmung, kein „Du bist sicher", kein „Es war nicht deine Schuld". Das Leben ging weiter, als wäre nichts gewesen.

Und genau das war es, was ein Trauma war. Dieses Nicht-Gesagte. Dieses Nicht-Gesehene. Dieses unerträgliche Schweigen, das sich wie Blei um ihr kleines Herz legte. Lulu war fünf Jahre alt. Bereits gezeichnet. Bereits verwundet. Und niemand gab ihr Raum, zu verstehen, zu sprechen, zu weinen, zu heilen.

An diesem Abend begriff Lulu, was Mut wirklich bedeutete. Nicht laut zu schreien. Nicht wild um sich zu schlagen. Sondern leise, entschlossen und unbeirrbar für das zu kämpfen, was man liebt. Doch die Flucht konnte das, was geschehen war, nicht ungeschehen machen. In Lulu blieb etwas zurück – eine tiefe, rohe Wunde, die sich in ihr Herz brannte. Eine Ahnung davon, dass Liebe und Angst, Schutz und Ohnmacht manchmal untrennbar miteinander verwoben waren.

Es war der Tag, an dem Lulu ihre Kindheit endgültig verlor. Es war der Tag, an dem sie zum ersten Mal spürte, dass man manchmal fliehen musste, um zu überleben – und dass die Narben solcher Fluchten tiefer reichen als jede sichtbare Wunde.

Du hast gerade ein Kapitel gelesen, das in dunkle Tiefen führt – in ein Kindheitsbild voller Angst, Sprachlosigkeit und dem verzweifelten Wunsch nach Sicherheit.

Und doch liegt in Lulus Erinnerung eine stille Heldentat:

Der Mut, der an jenem Tag in ihr erwachte, ist derselbe Mut, den sie später brauchte, um sich selbst zu befreien. Vielleicht hast auch du solche Momente erlebt – vielleicht sichtbar, vielleicht ganz leise in dir.

Reflexionsfrage:

Gab es in deinem Leben einen Moment, in dem du – bewusst oder unbewusst – begonnen hast, dich innerlich zu distanzieren, um dich zu schützen?

Welche Spuren hat dieser Moment in deinen heutigen Beziehungen hinterlassen – insbesondere zur Mutterfigur in deinem Leben?

Übung: Die innere Rettung

Lege dich in Ruhe auf den Rücken, schließe die Augen und stelle dir das kleine Kind in dir vor – in einer Situation, in der es sich ohnmächtig oder allein fühlte.

Du darfst dieses Kind heute besuchen – als dein heutiges Ich.

Sprich innerlich zu ihm:

- "Ich bin jetzt hier."

- "Du bist nicht mehr allein."

- "Ich sehe dich. Ich halte dich. Ich rette dich."

Visualisiere, wie du das Kind aus der Szene herausträgst – an einen sicheren Ort: einen weichen, geschützten Raum nur für euch zwei. Vielleicht eine Lichtung, ein Nest, ein warmer Raum.

Bleibe einige Minuten dort. Und wenn du magst, schreibe anschließend einen Brief – nicht an deine Mutter. Sondern an das Kind in dir.

Ohne Erwartungen.

Einfach nur, um zu sagen:

"Ich bin bei dir."

Seite für Notizen:

Platz für deine Gedanken, Erkenntnisse und Pläne

Kapitel 7: Der unsichtbare Schmerz

Es war, als wäre ein Schleier über Lulus Leben gefallen.

Nach jener Nacht, in der ihre Mutter wie eine Löwin für sie und ihre Geschwister gekämpft und sie in die Freiheit geführt hatte, änderte sich alles. Der Vater war verschwunden – seine Gegenwart ausgelöscht aus dem Haus, doch nicht aus ihren Herzen. Die Dinge, die ihn einst umgaben – seine Schuhe, der Rasierpinsel, das schwere Jackett an der Garderobe – waren verschwunden, als hätte es ihn nie gegeben. Nur die Leere, die er hinterließ, klebte an den Wänden wie ein unsichtbarer Schatten.

Als sie nach einigen Tagen in das alte Haus zurückkehrten, spürte Lulu sofort, dass etwas unwiderruflich verloren war. Die Luft schien schwerer geworden zu sein, die Räume groß und hallend in ihrer Stille. Niemand sprach über ihn. Kein Wort, kein Blick, keine Geste durfte ihn zurückholen. Und so schwieg auch Lulu – aus Angst, etwas Falsches zu sagen, aus Angst, den Schmerz ihrer Mutter zu vergrößern. Schon der Gedanke an ihn fühlte sich an wie Verrat. Ein ungeschriebenes Gesetz hatte sich über die Familie gelegt: Über den Vater wurde nicht gesprochen. Auch über die Flucht nicht. Auch nicht über das, was Lulu im Badezimmer gesehen hatte. Es war, als sollte alles gelöscht werden. Als hätte es nie stattgefunden. Als könnte man ein Kindheitstrauma einfach fortwischen wie Kreide von einer Tafel.

In diesen ersten Wochen schien es beinahe, als könnte die Welt noch einmal gut werden. Die Mutter, befreit von der ständigen Angst, spielte mit ihnen, lachte sogar manchmal. Lulu erinnerte sich daran, wie ihre Mutter im Wohnzimmer Turnübungen zeigte, wie sie sie auf dem Arm hielt und durch die Küche tanzte, ihr Lachen wie ein neues Lied in Lulus Herzen. Und tief in ihr entstand ein neues Band – geboren aus jener Nacht, aus der Entschlossenheit ihrer Mutter, sie zu retten. Lulu sah sie nun anders. Nicht nur als Mutter, sondern als Beschützerin. Als Heldin. Sie wollte ihr nah sein, sie beschützen, so wie sie beschützt worden war.

Doch diese Leichtigkeit war so zerbrechlich wie ein hauchdünnes Seidentuch, wunderschön anzusehen, aber schon beim leisesten Windstoß zerrissen.

Langsam, fast unmerklich, schlichen sich die dunklen Schatten zurück in Lulus kleines Universum. Die Krankheit der Mutter, die Narben ihrer eigenen Kindheit, die Last der Verantwortung – all das drückte schwer auf ihre schmalen Schultern. Ihr Blick wurde härter, ihre Worte kälter, schärfer.

„Ohne euch hätte ich ein besseres Leben", hörte Lulu ihre Mutter eines Tages sagen.

Die Worte trafen Lulu wie ein Schlag ins Gesicht, auch wenn sie sie damals nicht wirklich verstand.

Etwas in ihr wusste jedoch: Diese Sätze bedeuteten mehr, als es die bloßen Buchstaben vermuten ließen. Sie waren ein Abdruck, der sich unauslöschlich in ihr Herz brannte.

Und dann kamen die Schläge.

Der Holzstock, der oben auf dem Küchenschrank lag, wartete still und drohend auf seinen Einsatz. Wofür Lulu geschlagen wurde, wusste sie oft selbst nicht.

Vielleicht, weil sie zu laut lachte.

Vielleicht, weil sie zur falschen Zeit traurig war.

Vielleicht, weil das Leben ihre Mutter so zermürbt hatte, dass Lulu der einzige Blitzableiter für all den aufgestauten Schmerz wurde.

Die Strafen trafen sie nie allein.

Lulu und ihre Geschwister wurden gemeinsam bestraft – eine stille Allianz im Leid, ein unausgesprochenes Band, das sie enger zusammenschweißte. Besonders zu ihrem Bruder spürte Lulu eine tiefe, unerschütterliche Verbindung. Mit einem Blick verstanden sie einander, hielten zusammen, wenn die Welt um sie herum in Scherben fiel.

Lulu lernte schnell, sich unsichtbar zu machen.

Still sein.

Brav sein.

Sich klein machen, um der Wut zu entkommen.

Sie suchte die Augen ihrer Mutter, flehte in jedem stillen Blick um ein Lächeln, um ein Zeichen von Liebe, doch oft traf sie nur Leere oder Müdigkeit.

Sie erinnerte sich an einen Abend, an dem ihre Mutter am Küchentisch saß, den Kopf in die Hände gestützt, die Schultern schwer von unsichtbarer Last.

Vorsichtig, auf Zehenspitzen, trat Lulu zu ihr, legte ihre kleine Hand auf ihren Arm und flüsterte zaghaft:

„Mama?"
Die Mutter hob leicht den Kopf, sah Lulu aus den Augenwinkeln an, der Blick fremd und unerreichbar, und sagte mit einer Stimme, die mehr erschöpft als grausam klang:

„Ich hätte dich abtreiben sollen."

Lulu verstand die Worte nicht wirklich.

Aber sie spürte, wie sie wie ein kaltes Messer in ihr kleines Herz schnitten. Ohne ein weiteres Wort drehte sie sich um, ging leise zurück ins Kinderzimmer, die kleinen Schultern schwer von einer Last, die sie noch nicht benennen konnte.

Trotz allem bewahrte Lulu das Licht in sich.

Sie war der Sonnenschein, wie ihre Mutter sie einst genannt hatte. Sie spielte mit ihren Geschwistern, erfand Welten aus Fantasie, ließ sich von der Dunkelheit nicht völlig verschlingen. Tief in ihrem Inneren hielt sie an der Hoffnung fest wie an einem zerbrechlichen Schatz.

„Eines Tages wird alles gut", sagte sie sich immer wieder, wie ein Gebet, leise in die Dunkelheit gehaucht.

Aber etwas in ihr hatte sich unwiderruflich verändert.

Ein Teil ihres Herzens war härter geworden, stiller. Sie fühlte sich verantwortlich für ihre Mutter, wollte sie beschützen, wollte ihr die Last abnehmen, ihr ein Lächeln schenken, sie daran erinnern, dass sie nicht allein war.

Doch Lulu war nur ein kleines Mädchen.

Und die Last, die sie zu tragen begann, war viel zu schwer für ihre zarten Schultern.

Sie lernte, dass Liebe manchmal wehtat.

Dass man manchmal schweigen musste, um geliebt zu werden. Dass Anpassung der Preis war für ein kleines bisschen Wärme.

Dass Nähe gefährlich sein konnte, dass Hoffnung manchmal eine stille Falle war.

Und tief in Lulu wuchs ein Wunsch, zarter als jede Blüte und doch unzerstörbar:
Gesehen zu werden.

Nicht für ihre Fehler.

Nicht für ihre Anpassung.

Nicht für das, was sie ertrug.

Sondern einfach, weil sie da war.

In den stillen Nächten, wenn das Haus in Dunkelheit getaucht war, lag Lulu wach.

Sie lauschte in die Stille, stellte sich vor, dass irgendwo da draußen jemand war, der sie sah, der ihre leisen Gedanken hörte, der ihr Herz verstand. Und sie schwor sich, tief in ihrem Inneren:

Ich werde das Licht nicht verlieren.

Ich werde daran glauben, dass es einen Ort gibt, an dem Liebe nicht wehtut.

Doch damals war sie noch ein Kind.

Und Kinder tragen oft viel mehr, als sie tragen sollten.

Schweigend.
Hoffend.
Liebend.

Und so begann Lulus Leben in der Stille – ein unsichtbarer Schmerz, der sich tief in ihr Herz schrieb und sie lehrte, stark zu lächeln, selbst wenn innen alles weinte.

Das Kapitel beschreibt das Schweigen nach der Flucht, die Leere, das unausgesprochene Trauma – und wie Lulu versuchte, inmitten dieser Sprachlosigkeit das Kind in sich zu bewahren.

Die Wunde des Verschweigens ist in vielen Familien präsent.

Doch gerade in der Auseinandersetzung damit liegt die Chance auf Verbindung – zu uns selbst und zu den Menschen, die wir lieben.

Reflexionsfrage

Gab es in deiner Kindheit/Jugend Themen, über die nicht gesprochen wurde – und die dennoch alles geprägt haben?

Wie beeinflusst dieses Schweigen heute deine Beziehungen – besonders zu denen, die dir nahestehen?

Übung: „Das Schweigen sichtbar machen" – eine kreative Schreibreise

1. Nimm dir ein leeres Blatt oder dein Notizbuch.

2. Zeichne in die Mitte einen Kreis und schreibe das Wort **„Schweigen"** hinein.

3. Schreibe nun strahlenförmig alle Worte, Sätze oder Erinnerungen drumherum, die mit dem Schweigen in deiner Familie verbunden sind.

   – Was wurde nicht gesagt?

   – Was durftest du nicht fragen?

   – Welche Blicke, Gesten oder Stimmungen trugen dieses Schweigen?

4. Schau dir dein Bild an. Und dann wähle einen Strahl aus, der dich am meisten berührt.

5. Schreibe frei dazu – als innerer Monolog, Brief an dein früheres Ich oder einfach in Stichpunkten.

Ziel ist nicht, sofort alles zu lösen – sondern zu erkennen, was war.

Denn was du benennen kannst, kannst du auch verwandeln.

Seite für Notizen:

Platz für deine Gedanken, Erkenntnisse und Pläne

Kapitel 8: Zwischen Lichtblicken und dunklen Schatten

Nach der Flucht begann für Lulu eine Zeit, die schwer einzuordnen war – nicht mehr so bedrohlich wie zuvor, aber auch nicht heil. Es war, als wäre das Leben in einen Zwischenraum geraten, in dem Hoffnung und Ernüchterung nebeneinander existierten. Die Tage vergingen, das alte Zuhause wurde wieder Alltag, doch nichts war wie früher. Der Vater war fort, doch sein Schatten schien noch immer durch die Räume zu gleiten.

Niemand sprach über das, was geschehen war. Das, was Lulu gesehen, gehört, gefühlt hatte, wurde zu einem Schweigen verdichtet, das sich wie eine zweite Haut über die Familie legte. Es war, als sollte dieses eine, brutale Kapitel einfach ausgestrichen werden. Auch Lulu wurde nicht gefragt, wie es ihr ging. Kein Erwachsener sah in ihre Augen und sagte: "Ich weiß, das war schlimm." Kein Trost. Kein Raum für Tränen. Das Leben ging einfach weiter, als sei nichts geschehen – und genau das war es, was Lulu am meisten verwirrte. Dass Schmerz keine Worte bekam. Dass Angst keinen Platz hatte. Dass das Erlebte keine Spuren hinterlassen durfte.

Und doch hinterließ es welche – tiefe, unsichtbare Narben. Lulu fühlte sich verantwortlich, obwohl sie nicht sagen konnte, wofür. Sie beobachtete ihre Mutter mit wachsamen Augen, achtete auf jedes Zeichen, jede Veränderung, jede Müdigkeit in ihrer Stimme. Aus dem kleinen Mädchen war eine stille Wächterin geworden. Sie war nicht mehr nur Tochter – sie war jetzt auch Stütze, Zuhörerin, Kummerkasten. Die Rollen hatten sich verschoben.

Es gab Tage, an denen ihre Mutter sie mit einem Lächeln ansah. Tage, an denen Lulu sich auf dem Schoß ihrer Mutter wiederfand, wenn auch nur für einen flüchtigen Moment. Solche Augenblicke waren wie Sonnenstrahlen, die durch dicke Wolken brachen. Lulu lebte von diesen Momenten. Sie saugte sie auf, trug sie in sich, bewahrte sie wie kostbare Schätze.

Aber es gab auch andere Tage. Tage, an denen die Mutter kaum sprach, an denen ihre Augen leer waren. An denen Lulu das Gefühl hatte, ihre Liebe müsse ausreichen für sie beide. In diesen Momenten glaubte Lulu, dass sie stark sein musste, damit ihre Mutter nicht zerbrach. Dass sie fröhlich sein musste, damit ihre Mutter nicht ganz in der Dunkelheit verschwand. Und so wurde aus dem kleinen Mädchen ein Lichtträger – fröhlich, zugewandt, verantwortungsvoll. Aber in ihrem Inneren wurde sie leiser. Vorsichtiger. Ängstlicher.

Besonders mit ihrem Bruder verband sie in dieser Zeit eine tiefe Vertrautheit. Sie teilten sich Blicke, Verständnis, Nähe – ohne große Worte. Ihre Bande waren wie ein stiller Pakt: Wir halten zusammen. Wir verstehen uns. Wir tragen das gemeinsam.

Manchmal kam Besuch. Alte Freundinnen der Mutter, flüchtige Bekannte. Lulu lernte, sich anzupassen. Zu lächeln, auch wenn ihr nicht danach war. Ihre kindliche Fröhlichkeit wurde zur Rüstung, hinter der sie sich versteckte. Niemand durfte sehen, wie sehr sie sich nach Nähe sehnte. Nach Sicherheit. Nach einem Ort, an dem sie einfach Kind sein durfte.

Nach der Scheidung lebten sie nicht mehr in geordneten Verhältnissen, wie es so schön heißt. Lulu war jetzt die von der Geschiedenen. Ein Stempel, der sich unsichtbar auf ihre Stirn gelegt hatte. Kinder mieden sie, tuschelten hinter ihrem Rücken, als hätte sie etwas Ansteckendes. Manche bespuckten sie sogar – auf dem Schulhof, auf dem Spielplatz, auf der Straße. Einladungen zu Geburtstagen blieben aus. Die Worte „Ich darf nicht mit dir spielen" wurden zu einem Refrain, der sich tief in ihr Herz brannte. Und obwohl sie es damals nicht verstand, spürte sie: Es hatte weniger mit ihr selbst zu tun – und mehr mit dem, was sie nun verkörperte. Eine zerbrochene Familie. Etwas, das Angst machte oder Scham hervorrief.

Sie schwieg darüber. Aus Schutz. Nicht nur für sich, sondern auch für ihre Mutter. Vielleicht wollte sie ihr die Scham ersparen. Vielleicht hatte sie Angst, dass noch mehr bröckeln würde, wenn sie auch diesen Schmerz offenbarte. Also lächelte sie. Wie immer. Als sei alles gut. Doch in ihr formte sich ein Gefühl, das sie nicht benennen konnte – ein leiser Zweifel an ihrem eigenen Wert. Wenn sie nicht einmal zum Geburtstag eingeladen wurde – war sie dann überhaupt gewollt?

Es war eine stille Kränkung, die nicht laut schrie, sondern innerlich nagte.

Eine Einsamkeit, die nicht in Tränen ausbrach, sondern sich in den Blick senkte.

Eine Erfahrung, die Lulu nie vergessen würde – weil sie zum ersten Mal spürte, wie weh Ausgrenzung tut.

Und sie beschloss:

Niemand sollte je wegen seiner Geschichte ausgegrenzt werden. Nicht, wenn sie einmal selbst Mutter war.

In dieser Zwischenwelt – zwischen Angst und Hoffnung, Liebe und Leere – wuchs Lulu weiter. Sie verlor nicht ihr Lachen. Aber es wurde anders. Abgewogener. Sie verlor nicht ihren Hunger nach Leben. Aber sie lernte, ihn zu verstecken. Sie bewahrte ihre Träume. Aber sie sprach sie nicht mehr aus.

Und immer wieder sagte sie sich leise: „Eines Tages wird alles gut."

Dieser Satz wurde zu ihrer inneren Melodie. Nicht laut, nicht trotzig, sondern zart – wie ein Lied, das man nur noch flüstern kann, wenn die Welt zu laut geworden ist.

So ging Lulu weiter. Schritt für Schritt. Zwischen Lichtblicken, die sie trug – und dunklen Schatten, die sie formten. Ohne zu wissen, dass dieser Weg der Anfang von etwas Größerem war.

Von dem Wunsch, später einmal selbst Mutter zu sein – aber anders. Freier. Wärmer. Wahrhaftiger.

Und dass aus dem kleinen Mädchen, das schweigend stark sein musste, eines Tages eine Frau werden würde, die all das, was sie selbst vermisst hatte, weitergeben wollte. Nicht perfekt. Aber echt.

Und dass das, vielleicht, der erste Schritt war. Hin zu einem Leben, das nicht mehr schweigt. Sondern heilt.

Nach dem Lesen dieses Kapitels spürt man deutlich, wie tief das Schweigen wirken kann.

Die kindliche Verantwortung, die Lulu übernimmt, ist berührend – aber auch bezeichnend für eine generationsübergreifende Dynamik: Kinder, die zu früh zu Erwachsenen werden, weil ihre Eltern selbst zu zerbrechlich sind.

Vielleicht hast auch du gelernt, zu funktionieren, statt zu fühlen. Vielleicht wurdest du früh zum „emotionalen Anker" für andere – ohne dass je jemand fragte, wie es dir dabei ging.

Dieses Kapitel lädt dich ein, in deinem eigenen System hinzuschauen: Was hast du getragen, das gar nicht zu dir gehörte?

Reflexionsfrage:

Wann hast du zum ersten Mal das Gefühl gehabt, „stark sein zu müssen" – obwohl du selbst Halt gebraucht hättest?

Und: War es deine Aufgabe – oder hat man sie dir einfach überlassen?

Übung: Rollentausch auf Papier

1. Nimm dir zwei Blätter Papier.

2. Auf das erste Blatt schreibst du:
   „Ich als Kind".
   Notiere alles, was du als Kind gefühlt hast, was du gebraucht hättest, was du dir gewünscht hättest.

3. Auf das zweite Blatt schreibst du:
   „Ich als Erwachsener heute".
   Lies dir den Kind-Zettel durch – und antworte auf alles, was dort steht. Mit der Fürsorge, dem Schutz und der Wärme, die du dir damals gewünscht hast.

Ziel dieser Übung:

Du beginnst, dir selbst das zu geben, was dir einst fehlte. Du durchbrichst das Muster, indem du in deinem heutigen Ich Mitgefühl und Verantwortung miteinander verbindest.

Seite für Notizen:

Platz für deine Gedanken, Erkenntnisse und Pläne

Kapitel 9: Schule – Das Tor in eine neue Welt

Lulu war sechseinhalb Jahre alt, als sich an einem warmen Sommertag ihr Leben ein wenig öffnete, wie eine zarte Blüte, die den ersten Sonnenstrahlen entgegenstrebt – ohne zu wissen, wie viel Dunkelheit sie schon hinter sich gelassen hatte.

Ihre Mutter, erschöpft, aber liebevoll in ihrem stillen Bemühen, hatte ein Sommerkleid für sie genäht, hell und leicht, mit einer einfachen Kordel um die schmale Taille gebunden. Die Nähte waren nicht perfekt, der Stoff kein kostbarer – und doch war es für Lulu das schönste Kleid, das sie je getragen hatte, weil es aus den unsichtbaren Fäden all dessen bestand, was ihre Mutter noch an Hoffnung für sie aufbringen konnte.

An ihren Füßen neue, steife Schuhe, die bei jedem Schritt ein leises Echo auf dem staubigen Weg erzeugten, als wollten sie der Welt leise verkünden, dass Lulu heute in etwas Neues, Unbekanntes aufbrach. Ein gelber Schulranzen auf dem Rücken, viel zu groß für ihren kleinen Körper, eine pralle Schultüte in der Hand, gefüllt mit ein paar Bonbons, ein wenig Schokolade und – verborgen in der Spitze – viel dünnes, graues Papier, weil mehr einfach nicht möglich war.

Der Weg zur Schule war von Schweigen begleitet. Schritt für Schritt, ohne dass ihre Mutter ihre Hand nahm, ohne dass Worte der Ermutigung oder des Stolzes fielen – nur das Knirschen des Sandes unter ihren Schuhen und das Pochen von Lulus Herz, das in ihrer Brust klopfte wie ein kleiner Vogel, der nicht wusste, ob er sich freuen oder fürchten sollte.

Es gab keine Fotos an der Tafel vor der Schule, keine Feier, keine Geschenke, keine liebevoll gebastelten Erinnerungen – nur das einfache, stille Gehen in eine neue Welt. Und dennoch spürte Lulu ein leises Glück in sich aufsteigen, ein zartes, unerschütterliches Staunen darüber, dass ihr Leben heute eine neue Farbe bekam.

Als sie die Schwelle der alten gelben Backsteinschule überschritt, roch sie sofort den Duft von frisch gewachstem Holz, von Kreide und Papier – ein Geruch, der sich tief in ihr Herz brennen und für immer der Duft von Hoffnung und Neubeginn bleiben sollte.

Inmitten der aufgeregten, summenden Kinder sah sie sie – ihre Lehrerin, eine junge Frau, kaum älter als ein großes Kind, mit Augen, die lachten, auch wenn der Mund noch ernst blieb. In diesen Augen lag eine Wärme, die Lulu in ihrem kleinen Leben kaum gekannt hatte, eine Wärme, die nichts verlangte, nichts forderte, sondern einfach nur da war – wie ein stiller Hafen nach einer langen, stürmischen Reise.

Und in diesem Moment, während sie ihren gelben Ranzen auf einen der kleinen Holztische stellte und vorsichtig Platz nahm, öffnete sich in Lulu eine Tür. Leise. Knarrend. Als würde eine uralte, verstaubte Kammer Licht hereinlassen. Und sie ahnte, dass sie hier etwas finden würde, das sie retten könnte.

Die ersten Tage waren wie ein Erwachen: Aus einzelnen, schimmernden Buchstaben wurden zögerlich Worte, aus Worten wuchsen erste kleine Sätze, und bald schon fand Lulu sich wieder auf einem Ozean aus Geschichten – in denen mutige Mädchen Drachen bezwangen, verwunschene Wälder durchstreiften und ferne Königreiche erreichten, einfach, weil sie den Mut hatten, loszugehen.

Bücher wurden zu ihren besten Freunden. Sie roch an ihnen, strich über die rauen Seiten, als wären es Schatzkarten zu Orten, die nur sie sehen konnte. Sie las heimlich unter der Bettdecke, mit einer kleinen Taschenlampe, die sie sich von ihrem Großvater geliehen hatte. Und wenn der Schein der Lampe auf die Buchstaben fiel, glaubte sie fast, sie könnten zum Leben erwachen und mit ihr sprechen.

In der Schule durfte Lulu Fehler machen, durfte Fragen stellen, durfte einfach sein – ohne Angst, ohne Misstrauen, ohne die ständige Furcht, falsch zu sein. Ihre Lehrerin lächelte sie an, wenn sie sich irrte, lobte sie, wenn sie sich anstrengte, und schenkte ihr mit jeder freundlichen Geste ein kleines Stück von dem Vertrauen, das zu Hause so schmerzlich fehlte.

Zu Hause aber galten andere Gesetze.

Fehler bedeuteten Versagen. Fehler bedeuteten Strafe. Eine falsch geschriebene Zahl, ein schiefer Buchstabe – und das Heftblatt wurde erbarmungslos herausgerissen. Die Arbeit musste neu beginnen. Perfekt. Ohne Makel. Als könnte ein Stück Papier über menschliche Schwäche urteilen.

Lulu lernte schnell, dass sie ihre kleine Welt in zwei Teile spalten musste: die Schule – ein Ort der Magie und des Staunens, ein Ort, an dem sie blühen durfte. Und das Zuhause – ein Ort, an dem sie überleben musste. Still. Unsichtbar. Angepasst.

Doch sie gab nicht auf.

Sie trug das Licht der Wörter in ihrem Herzen, hütete es wie einen Schatz, von dem niemand wusste. Sie formte heimlich eigene kleine Geschichten in ihrem Kopf, erzählte sich selbst Abenteuer, in denen sie Heldin war und die Welt ein freundlicher Ort. Und sie flüsterte sich selbst in den langen, dunklen Nächten zu:

Irgendwann wird alles gut. Irgendwann werde ich groß genug sein, um meine eigene Geschichte zu schreiben.

Und tief in ihrem kleinen, tapferen Herzen glaubte sie daran – gegen alle Zweifel, gegen alle Dunkelheit, gegen alle Stille.

Der erste Schultag ist für viele ein symbolischer Übergang – ein Schritt in die Welt außerhalb der Familie.

Für Lulu war es ein stiller Neubeginn, zart und doch von tiefer Bedeutung. In der Einfachheit lag ein Funken Hoffnung.

Und vielleicht trägt auch dein Leben solche Momente – kleine, stille Schritte, die dein inneres Kind gemacht hat, auf der Suche nach Anerkennung, Liebe oder Zugehörigkeit.

Reflexionsfrage:

Erinnerst du dich an einen Moment in deiner Kindheit, in dem du gespürt hast: *„Jetzt beginnt etwas Neues"* – ganz gleich, ob freudvoll oder still?

Welche unausgesprochenen Gefühle oder Hoffnungen waren damals mit dir unterwegs?
Und wie hat sich dieser Moment – bewusst oder unbewusst – auf deine heutigen Beziehungen ausgewirkt?

Übung: Zeitreise zu deinem inneren Kind – „Der erste Schritt"

1. **Nimm dir 15 Minuten Zeit** und finde einen ruhigen Ort. Schließe die Augen und stelle dir vor, du begegnest deinem jüngeren Ich an einem symbolischen Tag des Neubeginns (z. B. Einschulung, Umzug, erstes eigenes Zimmer, erster Urlaub ohne Eltern).

2. **Beobachte:**
   - Was trägt dein jüngeres Ich?
   - Wie sieht die Umgebung aus?
   - Welche Gefühle sind da – Freude, Unsicherheit, Neugier?

3. **Sprich innerlich zu diesem Kind:**
   - Was hättest du gebraucht?
   - Was wünschst du ihm oder ihr heute?

4. **Schreibe einen kurzen liebevollen Satz auf,** den du diesem inneren Kind schenken möchtest – als Begleitung für all seine kommenden Wege.

Beispiel: *„Ich sehe dich. Du bist mutig. Und du musst nicht alles allein tragen."*

Seite für Notizen:

Platz für deine Gedanken, Erkenntnisse und Pläne

Kapitel 10: Der erste Herzbruch

Lulu war erst wenige Wochen in der Schule, als sich der Moment näherte, der sich wie ein scharfer Schnitt durch ihr junges Herz ziehen sollte – ein Moment, der so zart begann, dass man kaum ahnte, welche tiefe Wunde er hinterlassen würde.

In diesen Wochen lag über dem Haus eine neue Ordnung. Die Abwesenheit des Vaters war zur Normalität geworden, eine gespenstisch stille Normalität. Der Alltag war bestimmt von Pflichten, von angespannten Versuchen, ein Gleichgewicht zu halten, das längst aus den Fugen geraten war. Lulu ging zur Schule, liebte ihre Lehrerin, sog jede neue Silbe auf wie Sonnenlicht nach einem langen Winter. Zu Hause aber war es kühl. Es war die Kühle eines Hauses, das zu atmen verlernt hatte – aus Angst, die falsche Erinnerung zu wecken.

Und dennoch – Lulu hielt fest an der Hoffnung. Sie war ein Kind. Und Kinder glauben.

Dann kam jener Abend, der alles veränderte.

Es war bereits dämmrig, der Tag hatte sich sanft über das Haus gelegt, als Lulu plötzlich eine Stimme hörte. Eine vertraute Stimme, tief und warm, wie eine vergessene Melodie, die sich aus dem Nebel der Vergangenheit löste. Sie erstarrte. Ihr Herz machte einen Satz. Und dann war da nur noch das eine Gefühl: **Papa!**

Lulu sprang auf, ihr Körper schneller als ihr Verstand, und rannte in den Flur. Ihre kleinen Füße hallten auf den Dielen wider, als sie in Richtung Küche lief. Und da stand er – in der Tür, groß, vertraut, mit ausgebreiteten Armen. „Meine Kleine", sagte er, und seine Stimme klang weich, wie ein warmer Sommerabend.

Lulu rief „Papa, Papa!" und rannte in seine Arme. Sie schlang ihre kleinen Arme um seinen Hals, presste ihr Gesicht an seine Wange, sog seinen Duft ein wie ein Verdurstender frisches Wasser. Es war, als hätte ihr Herz all die Monate nur auf diesen einen Augenblick gewartet. Und nun war er da. Ihre Welt war für diesen winzigen Moment wieder ganz. In dieser Umarmung war Schutz, war Liebe, war Heimat. Sie wollte nie wieder loslassen.

Doch dann – kamen die Schritte ihrer Mutter. Schwer. Fest. Und mit ihnen die Kälte, die Lulu nur zu gut kannte. Ihre Stimme durchbrach die Stille wie ein Messer: „Lulu, ins Kinderzimmer!"

Die Wärme in den Armen des Vaters gefror in diesem Moment. Lulu spürte es. Sie hob ihren Kopf, sah ihn an, suchte seinen Blick, flehte mit den Augen: **Bitte sag etwas. Bitte bleib. Bitte...**

„Papa?" flüsterte sie.

Aber er sagte nichts. Er senkte den Blick. Und ließ sie los.

Ein Schritt zurück. Seine Arme fielen wie leere Versprechen an seine Seiten. Lulu stand da, verwirrt, zitternd, innerlich zersplitternd. Ihre Mutter griff nach ihr, fester als nötig, und schob sie energisch hinaus aus der Küche. Lulu gehorchte. Ihre Beine trugen sie wie von selbst, während ihre Seele zurück-blieb – dort, wo sie geliebt worden war, für einen flüchtigen Moment.

Im Kinderzimmer setzte sie sich stumm auf ihr Bett, die Puppe in den zit-ternden Händen, und blickte ins Leere. Die Tränen kamen nicht sofort. Es war, als müsste ihr Herz erst begreifen, was geschehen war. Als müsste es sich erst aufrichten, um in die Knie zu gehen.

Und dann flüsterte sie in die Dunkelheit: „Warum?"

Warum durfte sie nicht lieben? Warum wurde ihr das Einzige genommen, wonach sie sich gesehnt hatte?

Was sich in diesem Moment in Lulu einbrannte, war kein Vorwurf an die Mutter. Es war die stille Geburt eines Glaubenssatzes:

Ich darf nicht lieben.

Oder schlimmer: **Ich bin es nicht wert, geliebt zu werden.**

Ein innerer Bruch, unsichtbar für die Welt, aber tief. Lulu verurteilte nicht ihre Mutter. Stattdessen begann sie, sich selbst infrage zu stellen. Wer war sie, dass man ihr Liebe verwehrte? War sie zu viel? Zu laut? Zu falsch? Sie suchte die Schuld in sich. Und dieser Samen wuchs.

Sie wurde nicht bitter – sie verhungerte innerlich.

Denn wenn das, was sich so warm anfühlte, im nächsten Moment zur Kälte wurde, wie konnte man dann noch unterscheiden, was echt war?

Die Welt war plötzlich nicht mehr hell oder dunkel. Sie war grau. Widersprüchlich. Liebe konnte schmerzen. Nähe konnte Angst bedeuten. Und selbst die zärtlichste Umarmung konnte zum Verbot werden.

An diesem Abend begriff Lulu, was Ohnmacht bedeutete. Nicht nur in den Armen ihrer Mutter. Sondern in sich selbst – wenn das Herz keine Antwort mehr findet.

Doch ihr Kampf war stumm – ein inneres Ringen mit einer Welt, die sie nicht verstand, mit einer Mutter, die sie zu beschützen glaubte, indem sie ihr das Liebste entzog.

Die Verbindung zur Mutter veränderte sich an diesem Tag. Lulu liebte sie noch immer, doch etwas hatte sich verschoben. Ein Schatten lag nun zwischen ihnen – nicht aus Hass, sondern aus einem Schmerz, den Lulu nicht benennen konnte. Und jedes Mal, wenn sie der Mutter zu nahe kam, spürte sie diese Kälte, diese unsichtbare Grenze, die nicht überschritten werden durfte.

Was blieb, war die Erinnerung an die Umarmung. Das Gefühl der starken Arme ihres Vaters, die für einen Moment all den Schmerz aufhoben. Sie bewahrte es wie einen kostbaren Schatz in sich – als Beweis, dass sie geliebt worden war. Wenn auch nur für einen Augenblick.

Tief in ihrem Herzen formte sich etwas Unauslöschliches – kein Schwur, kein Satz, sondern ein leiser, fester Wille:

Ich werde mich erinnern. Selbst wenn niemand es will.

Und obwohl die Tränen erst viel später kamen, brannte sich dieser Moment tief in ihr Herz.

Es war ein weiterer Schnitt.

Nicht der erste.

Und doch ein neuer.

Ein weiterer Schmerz, der kein Ende zu kennen schien.

Ein weiteres Stück Kindheit, das sich still von ihr verabschiedete –

und sie mit einer neuen Frage zurückließ:

Was bleibt von einem Herzen, wenn man es immer wieder brechen lässt?

Lulus erster Herzbruch war kein Bruch zwischen Liebenden, sondern ein stilles Zerreißen zwischen Hoffnung und Realität – zwischen einem Kind, das lieben wollte, und einer Mutter, die nicht bereit war, diese Liebe zu empfangen.

Dieser Moment prägte nicht nur Lulus Blick auf Beziehung, sondern auch ihr Selbstbild. Wenn der erste Herzbruch innerhalb der eigenen Familie geschieht, wirkt er oft leiser – aber dafür umso tiefer.

Vielleicht hast auch du einen Moment erlebt, in dem du gespürt hast: Hier bin ich nicht willkommen mit meinem Herzen. Vielleicht war es ein Satz, ein Blick, ein Schweigen – etwas, das dein Vertrauen erschüttert hat.

In solchen frühen Erfahrungen liegt oft der Ursprung unserer Beziehungsmuster.

Reflexionsfrage

Gab es in deinem Leben einen Moment, in dem du jemanden angeschaut hast – Mutter, Vater, Partner, Freund – und innerlich gespürt hast:

„Bitte sag etwas. Bitte bleib"?

Was hat diese Stille mit dir gemacht?

Übung – Der unausgesprochene Satz:

Nimm dir ein Blatt Papier und schreibe folgenden Satz auf:

„Ich hätte gebraucht, dass du …"

Schreibe diesen Satz aus der Perspektive deines inneren Kindes an die Person, die dir in einem prägenden Moment nicht das geben konnte, was du gebraucht hättest.

Lass alle Gedanken frei fließen – ohne Anspruch auf Logik oder Gerechtigkeit. Es geht nicht um Schuld, sondern um Ausdruck.

Wenn du magst, falte den Zettel anschließend und lege ihn an einen geschützten Ort. Er muss niemandem gezeigt werden. Allein das Aussprechen (oder Aufschreiben) kann eine Form der inneren Erlaubnis sein:

Ich darf fühlen, was damals war.

Ich darf heute für mich da sein.

Du kannst diesen Moment auch in einem kurzen Brief an dein inneres Kind festhalten oder mit einem Symbol (z. B. einem Stein, einer Zeichnung, einem Foto) verbinden, das du an einen sicheren Ort legst – als Erinnerung an deinen Mut, dich selbst zu halten.

Seite für Notizen:

Platz für deine Gedanken, Erkenntnisse und Pläne

Kapitel 11: Das Feuer der Rebellion

Der Herbst war golden in jenem Jahr. Die Blätter tanzten in warmen Farben über die Straßen, als wollten sie Lulus kleines Herz daran erinnern, dass Schönheit auch dort existieren kann, wo es weh tut. Sie war sieben Jahre alt – ein zartes Alter zwischen Hoffnung und Verstehen, zwischen dem Bedürfnis nach Schutz und dem ersten Aufbegehren gegen das, was nicht sein durfte.

In dieser Zeit war es vor allem ihr Bruder, an dem sie sich festhielt. Er war nicht nur älter – er war ihr Vertrauter, ihr Gefährte in der Stille, ihr Held in einem Leben, das oft keine Helden kannte. Mit ihm konnte sie lachen, schweigen, planen, fliehen – wenn auch nur in Gedanken. Seine Nähe war wie ein warmer Mantel an kalten Tagen, sein Blick ein stilles Versprechen, dass sie nicht allein war.

Und so war es auch ein stilles, gemeinsames Einvernehmen, das sie zu jenem Entschluss führte: Der Holzstock, der stumm und bedrohlich auf dem Küchenschrank lag – das Symbol der Ohnmacht, der Schmerz, der Strafe ohne Erklärung – musste verschwinden. Es war kein kindischer Trotz, es war der leise Schrei nach Würde, ein Aufbäumen zweier kleiner Seelen gegen das, was ihnen weh tat.

Lulu stand Wache an der Küchentür, das Herz bis zum Hals klopfend, während ihr Bruder sich auf den Stuhl stellte, dann auf die Anrichte kletterte, um das hölzerne Instrument der Angst herunterzuholen. Er hielt ihn wie eine Trophäe, einen erlegten Dämon. Die beiden rannten hinaus, hinter die Garage, dorthin, wo das hohe Gras ihnen Schutz versprach.

Mit zittrigen Händen sammelten sie Zweige, zündeten sie mit einem Streichholz an, das Lulu heimlich aus der Küche mitgenommen hatte. Als die Flammen loderten, warfen sie das Holzstück hinein – ohne Worte, nur mit Blicken, die einander Halt gaben. Das Feuer fraß sich gierig durch das Holz, und für einen Moment fühlte sich Lulu frei.

Doch sie hatten nicht bedacht, dass das trockene Gras der Hecke am Rand des Grundstücks zu nah war. Die Flammen leckten hinaus, fanden Nahrung im Herbstlaub, und ehe sie begriffen, was geschah, loderte ein kleiner Brand. Es roch nach Angst, nach Schreck, nach Entdeckung.

Erwachsene kamen angerannt, der Brand wurde gelöscht, der Schaden blieb gering – aber das Aufsehen war groß. Lulu und ihr Bruder standen nebeneinander, die Gesichter rot, nicht nur vom Feuer, sondern von einer Mischung aus Stolz und Angst. Sie hatten etwas gewagt. Etwas beendet. Doch was sie nicht wussten: Die neue Strafe würde schlimmer sein.

Die körperlichen Schläge wurden seltener – nicht, weil die Mutter die Wut verloren hätte, sondern weil der Schmerz nun andere Formen annahm. Schweigen wurde zur Waffe. Und das Einsperren – in Zimmer, in die Dunkelheit, in das Gefühl, falsch zu sein.

Und während Lulu nachts im Bett lag, fühlte sie, dass etwas in ihr zu bröckeln begann. Der Schutz, den ihr der Bruder gab, wurde dünner. Denn er konnte sie nicht vor dem neuen Mann beschützen, der plötzlich auftauchte. Ein Fremder mit einem Gesicht, das lächelte, aber nie wirklich lachte.

Ihre Mutter hatte einen neuen Partner. Jemand, den sie "nett" nennen sollten, den sie zu mögen hatten, weil es sich so gehörte. Doch Lulu mochte ihn nicht. Ihr Bruder mochte ihn nicht. Und doch mussten sie sich fügen. Wieder einmal.

Mit dem neuen Mann kam eine neue Kälte ins Haus. Nicht laut, nicht schlagend – aber fühlbar. Lulu spürte, wie ihre Mutter sich veränderte. Es gab keinen Raum mehr für Gefühle. Kein "Wie geht es dir?", kein "Was brauchst du?" Nur Regeln, Kontrolle, Schweigen.

„Willst du, dass ich einen Anfall bekomme?" wurde zum Refrain. „Was sollen die Nachbarn sagen?" zur ständigen Bedrohung.

Emotionen wurden zur Gefahr. Tränen galten als Schwäche. Gedanken waren nur dann erlaubt, wenn sie angepasst und freundlich waren. Lulu lernte, ihre Mimik zu kontrollieren. Zu lächeln, wenn ihr zum Weinen war. Den Kopf zu senken, wenn sie eine Antwort wusste.

Und doch – in all dieser Enge, dieser stillen Unterdrückung – blieb etwas in ihr lebendig. Die enge Verbindung zu ihrem Bruder, das Lächeln, das sie sich gegenseitig zuwarfen, wenn niemand hinsah. Die Worte, die sie sich heimlich ins Ohr flüsterten, wenn die Welt zu laut und kalt wurde.

Mit ihm konnte sie noch träumen. Von einer anderen Zeit. Einer anderen Welt.

Und irgendwann – sie wusste nicht wann – begann sie, sich innerlich zurück-zuziehen. Nicht mit Groll. Sondern mit einer kindlichen Form von Weisheit. Sie wusste nun: Manche Menschen konnten keine Liebe zeigen, weil sie selbst nie gelernt hatten, sich selbst zu lieben.

Ihre Mutter war so ein Mensch. Zerrissen zwischen Schuld und Pflicht, zwi-schen dem Wunsch nach Freiheit und der Angst, erneut zu scheitern. Lulu erkannte, dass die Härte ihrer Mutter nicht aus Bosheit kam, sondern aus tiefer Erschöpfung. Und doch tat sie weh.

So sehr Lulu sich auch bemühte, sie konnte ihre Mutter nicht heilen. Und je mehr sie es versuchte, desto mehr vergaß sie, sich selbst zu fühlen.

Was sie daraus lernte, prägte sie für alle Beziehungen ihres Lebens: Dass Liebe nicht sicher ist. Dass man sich anpassen muss, um nicht verlassen zu werden. Dass es besser ist, Erwartungen zu erfüllen, als eigene Wünsche auszusprechen. Und dass Zuneigung immer auch Schmerz bedeuten kann.

Doch da war auch noch ihr Bruder. Ihr leiser Schutzengel. Der Einzige, bei dem sie sein durfte. Und für ihn hielt sie durch.

Als Lulu gemeinsam mit ihrem Bruder den Stock verbrannte, war das kein Trotz – es war ein stiller Akt der Selbstermächtigung.

Manchmal sind es kleine Gesten, die große Ketten durchbrechen.

Auch in uns gibt es Orte, an denen sich Ohnmacht in leise Rebellion verwandeln möchte – nicht gegen andere, sondern für uns selbst.

Reflexionsfrage

Gibt es einen „Stock" in deinem Leben – ein Symbol, eine Erinnerung, eine Regel – die du lange still ertragen hast, obwohl sie dir nicht guttut?

Was würdest du tun, wenn du dich davon befreien könntest – nicht aus Wut, sondern aus Würde?

Übung – Das innere Feuer entzünden:

Suche dir einen ruhigen Ort und nimm dir ein kleines Blatt Papier.

Schreibe darauf einen inneren Glaubenssatz, den du aus deiner Kindheit oder Prägung übernommen hast, der dir heute nicht mehr dient (z. B. *„Ich darf keine Fehler machen"* oder *„Ich bin nur etwas wert, wenn ich leiste"*).

Lies den Satz laut. Atme tief durch.

Dann zerreiße das Papier bewusst in kleine Stücke – oder, wenn du magst, verbrenne es sicher in einer feuerfesten Schale oder draußen (symbolisch reicht ein Streichholz).

Während du das tust, sprich innerlich oder laut:

„Ich darf diesen alten Glauben loslassen. Ich darf heute neu wählen."

Spüre nach, was sich in dir regt – vielleicht ist es leise, vielleicht mutig, vielleicht ganz zart.

Alles ist willkommen.

Seite für Notizen:

Platz für deine Gedanken, Erkenntnisse und Pläne

Kapitel 12: Abschied von der alten Heimat

Lulu war acht Jahre alt, als sie das Gefühl hatte, ihr Zuhause zu verlieren – nicht durch eine Katastrophe, sondern durch einen Umzug. Die Familie verließ das kleine Haus mit dem wilden Garten, den Farnen und den Schmetterlingen. All das, was Lulu Halt gegeben hatte, blieb zurück. Die neue Wohnung war kühl und grau, ein Ort ohne Blumen, ohne Erde unter den Füßen, ohne Licht in den Fenstern. Es war, als hätte der neue Lebensabschnitt bereits entschieden: Hier blüht nichts mehr.

Doch es war nicht nur der Garten, den Lulu verlor. Es war auch ihre Puppe. Die, die sie jahrelang getröstet hatte, ihr alles erzählte, in deren Haar sie sich weinte, wenn die Welt zu laut wurde. Eines Tages war sie einfach nicht mehr da. Niemand sprach darüber. Niemand suchte sie. Und Lulu wagte nicht zu fragen. Es war, als sei auch sie nur ein Relikt aus einer Kindheit, die keinen Platz mehr hatte.

Der Körper des Mädchens veränderte sich. Lulu hatte eine kräftige Statur, Schultern wie kleine Träger für all die Last, die sie nicht tragen sollte. Arme, die stark genug waren, um eine erwachsene Frau während eines Anfalls zu halten, Beine, die schnell genug waren, um zu reagieren, wenn ein Sturz drohte. Ihre Mutter sagte oft, sie könne glatt als Junge durchgehen. Und obwohl es nur Worte waren, blieben sie wie Kratzer auf einer Oberfläche, die ohnehin schon brüchig war.

Als Teenager wollte Lulu schlank sein, zierlich, schön. Sie wollte sein, was ihre Mutter nie in ihr gesehen hatte – ein Mädchen, das geliebt wurde, ohne zu leisten. Doch tief in ihr hatte sich längst der Glaubenssatz verankert: Nur wenn ich stark bin, bleibe ich unversehrt. Nur wenn ich alles aushalte, werde ich gesehen.

Mit zunehmendem Alter wurde ihre Mutter kälter. Die Krankheit zehrte an ihr, an ihrer Kraft, an ihrem Wesen. Worte wurden scharf wie Nadeln, Gesten abweisend. Manchmal landete Lulu wortlos im Badezimmer – eingesperrt, verbannt, weggesperrt. Ohne Erklärung. Das Geräusch des sich schließenden Schlosses brannte sich tief in ihre Knochen. Lulu lernte, still zu sein. Still zu weinen. Still zu atmen.

Doch sie hörte nicht auf zu träumen. Ihre Flucht waren nicht mehr die Fantasiewelten auf der Kellertreppe, es waren Bücher. In der örtlichen Bücherei wurde Lulu zu einem stillen Helfer – und zu einer Sammlerin von Geschichten. Hier konnte sie eintauchen in ferne Länder, andere Leben, große Gefühle. Hier wurde sie gesehen, wenn auch nur von Buchstaben. Und manchmal war das genug.

Zuhause blieb Lulu immer wachsam. Ihre Zimmertür ließ sie nie ganz schließen – ein Spalt musste offenbleiben, damit sie hören konnte, falls etwas passierte. Ihr Ohr war geschärft für jedes Geräusch, besonders für das, was außerhalb der normalen Stille lag.

Doch das wahre Zittern begann, wenn sie *nicht* zuhause war.

In der Schule zum Beispiel. Wenn draußen ein Martinshorn aufheulte, stockte ihr der Atem. Ihr Herz schlug schneller, ihre Gedanken überschlugen sich: *War es Mama? Ist sie wieder gestürzt? Ist sie allein?*

In solchen Momenten war Lulu nicht mehr im Klassenzimmer. Sie war auf dem Weg nach Hause – gedanklich schon an der Tür, bereit, nach ihrer Mutter zu sehen.

Lulu war nie wirklich Kind. Sie war Wächterin. Begleiterin.

Und still leidende Tochter.

Lulu erinnerte sich gerne an die Abende vor ihrem Geburtstag. Es war ein kleines, heiliges Ritual zwischen ihr und ihrer Mutter. Jedes Jahr, wenn die Dunkelheit hereinbrach, kuschelte sich Lulu eng an sie – und wartete. Sie wusste genau, was gleich kommen würde. Und obwohl sie die Geschichte längst auswendig kannte, liebte sie es, sie immer wieder zu hören.

„Ich weiß noch ganz genau, wie es war, damals als du geboren wurdest …", begann ihre Mutter jedes Mal, mit einer Stimme, die weich und warm war wie eine Decke. Lulu strahlte dann übers ganze Gesicht, ließ sich in diese Erinnerung einhüllen und fühlte sich für einen Moment wie der wichtigste Mensch der Welt.

Doch an diesem Abend vor ihrem zehnten Geburtstag blieb es still.

Vielleicht war ihre Mutter zu beschäftigt mit den Vorbereitungen. Vielleicht war da einfach kein Platz mehr für Rituale, seit sich die Eltern getrennt hatten

– damals, vor fünf Jahren. Und dann war da noch dieser neue Partner. Er brachte Kälte in die Wohnung. Und eine Distanz, die wie eine unsichtbare Wand zwischen Lulu und ihrer Mutter stand.

Trotzdem freute sich Lulu auf den Morgen. Denn an ihrem Geburtstag durfte sie sich immer aussuchen, was es zum Frühstück gab – und sie liebte Brötchen. Frische Brötchen bedeuteten: Heute ist ein besonderer Tag.

Doch dieser zehnte Geburtstag wurde anders.

Niemand dachte an sie. Kein Lied, kein Kuchen, kein Geschenk. Lulu wartete. Stunde um Stunde. Am Abend stand sie am Fenster, schaute in den Himmel, während ihre Mutter im Flur den Boden wischte. Dann, plötzlich, hörte sie ihren erschrockenen Ruf:

„Oh Gott, ich habe deinen Geburtstag vergessen."

Lulu drehte sich nicht um.

Sie antwortete nur: „Jetzt ist es auch egal."

Und sie meinte es so.

Später schwor sie sich: Ihre eigenen Kinder würden anders aufwachsen. Geburtstage würden gefeiert werden – mit Kuchen, mit Kerzen, mit Liedern. Ein Fest der Liebe, der Dankbarkeit. Ein Fest dafür, dass sie da sind. Dass sie leben.

Im selben Jahr wurde Lulu krank. Erst war es eine Bronchitis, dann eine doppelseitige Lungenentzündung. Wochenlang lag sie flach, kämpfte mit dem Atem, mit dem Leben. Sie wurde schließlich ins Krankenhaus eingeliefert, als ihr Zustand bedrohlich wurde. Wieder eine Lunge. Wieder ein Kind. Wieder ein weiblicher Körper, der zu wenig Luft bekam.
Schweigen!
Das zog sich durch die Generationen wie ein Virus.

Drei Generationen: Die Großmutter, die an einer Lungenkrankheit starb, als Lulus Mutter zehn war. Die Mutter, die mit Tuberkulose rang. Und nun sie – das Kind, das stillschweigend das Erbe trug. Später entwickelte sich bei ihren eigenen Kindern Asthma, Neurodermitis. Die Narben waren nicht nur seelisch. Sie waren genetisch. Eingebrannt.

Im folgenden Winter, zu Weihnachten, bekam Lulu einen kleinen braunen Teddybären. Sie nannte ihn Michael. Ihre Schwester häkelte ihm eine rote Latzhose und einen gelben Pullover – die Farben, die ihre Mutter einst liebte. Michael wurde ihr Anker. Ihr Vertrauter. Er hörte ihre Gedanken, kannte ihre Träume. Er war der einzige, der nie verurteilte. Der immer da war.

Und dann, im Sommer darauf, geschah etwas, das Lulu nie vergessen würde: Der erste Urlaub. Sie war elf Jahre alt. Die Familie fuhr mit dem Auto in den Schwarzwald. Lulu saß mit ihren Geschwistern auf der Rückbank und wartete ungeduldig darauf, dass die Bäume endlich schwarz wurden. Es war ihr Zeichen, dass das Abenteuer begann.

Der Bauernhof lag am Waldrand. Die Luft war klar, kühl, nach Freiheit duftend. Lulu und ihr Bruder bauten kleine Tipis aus Ästen, liefen barfuß durchs Gras, lachten. Es war einfach. Es war gut. Es war Leben.

Doch es gab einen Ort, den Lulu mied: den Schweinestall.

Die Bäuerin beobachtete sie. Fragte irgendwann, leise und warm: „Magst du keine Schweine?" Lulu zögerte. Spürte etwas in dieser Stimme – etwas, das kein Urteil war. Langsam, tastend, vertraute sie der Bäuerin ihre Geschichte an. Von damals. Von der Tante. Vom Schmerz, der so tief saß, dass sie ihn kaum aussprechen konnte.

Die Bäuerin sagte nichts. Sie legte Lulu einfach die Hand auf den Arm. „Ich halte deine Hand und passe auf dich auf. Aber lass deine Angst dich nicht vom Leben abhalten."

Es war dieser eine Satz, der Lulu löste. Am nächsten Tag begleitete sie die Bäuerin. Blieb zunächst am Rand stehen. Näherte sich vorsichtig den Ferkeln. Erst streichelte sie eines. Dann hob sie es hoch. Es zappelte ein wenig. War warm, weich, lebendig. Lulu drückte es an sich. Und dann – fast wie verzaubert – schob sie es unter ihr T-Shirt. Es schaute mit seinem rosa Schnäuzchen aus dem Kragen. Und Lulu lachte.

Ein echtes, warmes, tiefes Lachen.

Sie hatte es geschafft. Sie hatte ihre Angst besiegt. Und nun trug sie ihr ganz persönliches Glücksschweinchen direkt am Herzen.

Der Sommer war voller solcher kleiner Wunder. Lulu sortierte Eier, fütterte Kühe, half beim Melken. Sie war gebraucht. Gewollt. Gesehen.

Wieder zuhause war alles wie zuvor – und doch war etwas in ihr anders. Lulu hatte etwas mitgebracht: Eine Kraft. Eine Erfahrung. Einen Moment des Muts, der sie für immer begleiten würde.

Die Beziehung zur Mutter blieb voller Widersprüche. Nähe und Abweisung lagen oft nur einen Atemzug auseinander. Doch tief in sich wusste Lulu jetzt:

Ich bin mehr als das, was mir widerfährt.

Und sie trug ein Versprechen in sich, das sie nie vergessen würde:

Sie würde lieben.
Mit offenem Herzen.
Sie würde nicht aufgeben.
Und sie würde nie zulassen, dass Angst ihr den Weg zum Leben versperrt.

Es sind nicht immer große Taten, die unser Leben verändern. Manchmal reicht ein Blick, ein Wort, eine warme Hand auf dem Arm.

So wie die Bäuerin Lulu sah – wirklich sah – und ihr mit wenigen Worten die Angst nahm, so können auch wir in kleinen Momenten wieder in unsere eigene Kraft finden.

Vielleicht erinnerst auch du dich an einen Menschen, der dir in einer schwierigen Zeit Mut gemacht hat. Einen Moment, in dem du dich gehalten, getröstet oder gesehen gefühlt hast.

Lass uns diesen Lichtpunkt heute in den Mittelpunkt rücken – als Erinnerung daran, dass Heilung möglich ist.

Reflexionsfrage:

Wer war in deinem Leben ein solcher Mensch – jemand, der dich in einem verletzlichen Moment gestärkt hat, dir Mut machte, dir zuhörte oder dich einfach liebevoll ansah?

Übung: „Der Mutbrief"

Nimm dir einige ruhige Minuten Zeit. Stell dir die Person vor, die dich einmal gestärkt hat – vielleicht war es ein Lehrer, ein Großelternteil, eine Freundin, ein Fremder, oder jemand, den du nie wieder trafst.

Schreibe dieser Person einen kurzen Brief. Er muss nicht abgeschickt werden – er ist nur für dich.
Sag in wenigen Sätzen:

- Was dir dieser Moment bedeutete

- Was sich durch diese Begegnung für dich verändert hat

- Und: Wie du heute – durch diesen Mut – jemand anderem beistehen könntest

Du kannst diesen Brief auch laut lesen oder aufbewahren. Denn manchmal genügt es, sich daran zu erinnern, dass man schon einmal Mut hatte – um ihn wiederzufinden.

Du bist getragen – auch von dem, was war.

Seite für Notizen:

Platz für deine Gedanken, Erkenntnisse und Pläne

Kapitel 13: Der Verrat

Die Jahre vergingen. Lulu war nun ein Teenager. Sie verdiente ihr eigenes Geld, kümmerte sich liebevoll um Kinder in der Nachbarschaft, trug Prospekte aus, lernte, wuchs, träumte. Sie liebte es, Zeit bei anderen Familien zu verbringen – dort, wo Wärme spürbar war, wo man lachte, einander zugewandt war, sich mit Respekt begegnete. Doch ihre Mutter sagte immer nur einen Satz:

"Da gehörst du nicht hin."

Als Lulu anmerkte, dass sie gerne aufs Gymnasium möchte – sie war sehr gut in der Schule, lebte vom Lernen – kam die nächste Abwertung:

"Da gehörst du nicht hin. Es reicht, wenn dein Bruder auf der Realschule ist."

Ihre Mutter erzählte ihr von ihren eigenen Träumen, von dem Wunsch, damals selbst eine höhere Schule zu besuchen. Aber auch ihr wurde gesagt:

"Du gehörst da nicht hin."

Und so reichte sie weiter, was man ihr selbst nie zugestanden hatte.

Doch Lulu ließ sich nicht aufhalten. Sie lernte. Las. Träumte. Vom Reisen. Von einem Leben, das mehr war als Schweigen, Kontrolle, Anpassung.

Im Frühjahr, kurz vor ihrem fünfzehnten Geburtstag, zerbrach ihr Herz zum ersten Mal in einer Weise, die niemand sah. Ihre erste Jugendliebe – zart und still, kaum geboren – verging zwei Tage nach ihrem ersten Kuss. Er starb. Plötzlich. Unerklärlich. Unfassbar. Lulu vergrub ihre Trauer, sprach mit niemandem darüber, verschloss ihr Herz, ihre Gedanken, ihre Tränen. Sie flüchtete sich in die Stille. Ins Zuhause, das kaum Schutz bot, aber bekannt war.

Und ihre Mutter? Sie forderte sie immer wieder auf, endlich rauszugehen. *"Warum bist du immer hier? Geh raus, mach was, triff Leute."* Doch Lulu konnte nicht erklären, warum sie blieb. Warum sie sich versteckte. Vielleicht hätte sie es selbst nicht in Worte fassen können.

Bis zu jenem Samstagnachmittag im Frühsommer. Lulu stieg auf ihr Fahrrad, einfach um zu fahren. Um weg zu sein. Irgendwohin. Als sie an einem kleinen

Schaufenster vorbeikam, stieß sie fast mit einem jungen Mann zusammen, der gerade aus einer Nebengasse trat. Ihre Nase klebte am Fenster: *Wind-surfkurse.*

Etwas in ihr begann zu leuchten. Das war es. Das war das, was ihr Herz jetzt brauchte. Etwas Eigenes. Etwas, das nur ihr gehörte. Zuhause rechnete sie aus, wie viele Kinder sie betreuen und wie viele Prospekte sie austragen musste, um sich diesen Kurs zu leisten. Sie wollte nichts von der Mutter. Und schon gar nichts vom neuen Partner der Mutter, der sie immer wieder spüren ließ, dass all der Wohlstand, die neuen Möbel, das neue Fahrrad nur durch ihn möglich geworden waren. *"Ohne mich wärt ihr in der Gosse geblieben,"* sagte er oft.

Lulu meldete sich an jenem Sommermorgen zum Windsurfkurs an – zögernd, mit pochendem Herzen, und einem Hauch Hoffnung, der sich kaum greifen ließ. Es war ein Impuls, geboren aus Sehnsucht. Aus dem Wunsch, sich selbst zu spüren – jenseits der Enge, jenseits der Erwartungen, jenseits des Schmerzes.

Der junge Windsurflehrer, den sie schon öfter bewundernd durchs Schaufenster beobachtet hatte, begrüßte sie mit einem warmen Lächeln. Er war freundlich, unaufgeregt, klar – und da war etwas in seinem Blick, das Lulu nicht kannte: echtes Interesse. Kein Misstrauen, kein Messen, kein Urteil. Einfach ein: *„Komm. Probier's aus."*

Gemeinsam fuhren sie zum See. Der frühe Morgen hing noch kühl über dem Wasser, Nebelschleier tanzten auf der Oberfläche, und das Segel flatterte in ihren Händen, als wäre es ein lebendiges Wesen. Lulu stand unsicher auf dem Brett, das Gleichgewicht wacklig, die Knie weich. Doch dann hob sich der Wind, das Segel spannte sich – und plötzlich trug es sie. *Sie selbst* trug sich. Über das Wasser, durch den Wind, über die Wellen.

In diesem Augenblick geschah etwas in ihr. Etwas Altes löste sich. Und etwas Neues wurde geboren. Es war mehr als ein Gefühl – es war eine innere Gewissheit: *Das ist Freiheit. Das bin ich.*

Von diesem Tag an war Lulu kaum noch fern vom See. In jeder freien Minute fuhr sie zur Surfschule. Sie bot ihre Hilfe an, ganz selbstverständlich – räumte Bretter auf, putzte Neos, spielte mit Kindern, organisierte die Ausrüstung. Niemand hatte sie darum gebeten. Sie tat es einfach – und zum ersten Mal im Leben wurde ihr Einsatz nicht ausgenutzt, sondern gesehen und wertge-schätzt.

Der Besitzer der Surfschule, ein ruhiger, in sich ruhender Mann mit wetter-gegerbtem Gesicht und einer Stimme wie Holz – wurde zu einer stillen Va-terfigur für Lulu. Nicht durch große Worte, sondern durch Präsenz. Er brachte ihr Techniken bei, erklärte Windrichtungen, half ihr beim Tragen der Segel. Und irgendwann, ganz beiläufig, als sie am Steg saßen, sagte er mit einem Nicken:
„Du solltest Windsurfing Instructor werden. Du hast das Zeug dazu."

Es war kein Lob. Es war ein Angebot. Ein Vertrauensbeweis.

Lulu spürte zum ersten Mal in ihrem Leben, wie es sich anfühlte, nicht nur *nützlich* zu sein – sondern *gemeint*. Sie war nicht einfach ein helfendes Mäd-chen. Sie war Teil der Crew. Teil der Familie. Ein Mensch mit Potenzial.

Und das Surfen wurde mehr als ein Sport. Es wurde ein Symbol für ihre innere Entwicklung: das Gleichgewicht halten, aufrichten, sich ausrichten nach dem Wind – und lernen, loszulassen, wenn die Wellen höher werden.

Dort auf dem See, mit dem Wind in ihrem Gesicht und dem Vertrauen im Rücken, begann Lulu zum ersten Mal, sich ein anderes Leben vorzustellen. Eines, in dem sie nicht nur funktionierte – sondern *lebte*.

Doch kaum begann Lulu, aufzublühen, wurde sie zurückgerissen.

Ihre Mutter mochte nicht, dass sie kaum noch zu Hause war. Und eines Tages kam sie der Tochter nach. Lulu war mit den Kindern auf dem Spielplatz. Als sie zurückkehrte, saß ihre Mutter im Wohnzimmer – blass, aufgelöst, verkrampft. Sie hatte einen Anfall bekommen. Die Familie war schockiert, überfordert. Lulu schämte sich. Wut, Ohnmacht, Trauer mischten sich zu einem Gefühl, das sie kaum benennen konnte. Warum hier? Warum jetzt? Warum musste sie diesen sicheren Ort mit ihrer Krankheit durchdringen?

Doch es war nicht das erste Mal, dass Lulu zweifelte.

Monate zuvor hatte sich eine Szene eingebrannt, die sie nie wieder vergessen würde.

Sie spürte, wie etwas in ihr zu bröckeln begann – leise, fast unbemerkt, aber unumkehrbar. Vertrauen war nie laut zerbrochen bei ihr. Es löste sich still. Und dieses Mal geschah es nicht plötzlich. Es war der Tropfen, der fiel, nachdem das Gefäß schon lange am Überlaufen war.

Die Küche war still. Kein Geräusch außer dem rhythmischen Ticken der alten Wanduhr, die seit Jahren unbeirrt Zeit markierte, während drinnen eine Welt zerfiel. Lulu saß am Tisch. Gegenüber ihr Bruder. Dazwischen ihre Mutter, ein Stück Brot vor sich, ein Messer in der Hand.

Es war ein ganz normaler Abend. Und doch lag etwas in der Luft – eine flüchtige Spannung, ein Zittern, das nur spürbar war für die, die gelernt hatten, auf kleinste Zeichen zu achten. Lulu war Teenager, ihr Bruder auch, doch in dieser Wohnung waren sie nie wirklich Kinder gewesen. Sie waren Wächter, stille Schutzengel, die wussten, was zu tun war, wenn der Körper der Mutter versagte.

Dann kam das Zittern. Das leichte Abgleiten im Blick, der Kopf, der sich neigte. Lulu reagierte instinktiv, routiniert. Sie nahm das Messer sanft aus der Hand ihrer Mutter. Ihr Bruder stand auf, stellte sich hinter sie, stützte sie an der Schulter. Jeder Handgriff war eingespielt – wie eine Choreografie, geformt durch Not, durch Wiederholung, durch stille Angst.

Und dann kam dieser Moment.

Die Mutter richtete sich auf. Ihr Blick wurde klar. Ihr Körper aufrecht. Kein Zittern mehr. Keine Schwäche. Nur ein feines, kaum sichtbares Lächeln auf ihren Lippen.

„Ich wollte nur mal sehen, was ihr macht, wenn ich einen Anfall habe", sagte sie.

Ein Satz. Nicht mehr als sieben Worte. Doch sie schlugen ein wie ein Donnerschlag in die Stille.

Lulu erstarrte. Ihre Hand hielt noch das Messer, das nun wie aus Blei schien. Ihre Augen suchten die ihres Bruders. Und was sie darin sah, spiegelte ihren eigenen Schock: Entsetzen. Wut. Verwirrung. Schmerz.

Sie standen da – zwei Kinder, die über Jahre hinweg alles gegeben hatten. Die gestützt, getragen, geschwiegen hatten. Und plötzlich wussten sie nicht mehr, was echt war. War es Wahrheit gewesen – oder nur ein Test? War das Vertrauen einseitig gewesen, die Sorge missbraucht?

Langsam legte Lulu das Messer neben das Brot. Ihre Finger zitterten nun. Kein Wort kam über ihre Lippen. Keine Träne, kein Schrei. Nur dieser lähmende Schmerz, der von tief innen kam. Sie trat einen Schritt zurück. Ihr Bruder ebenso. Ohne Absprachen. Ohne Blickkontakt.

Sie drehten sich um und gingen.

Ließen ihre Mutter sitzen. Mit ihrem Lächeln. Mit ihrem Satz.

Mit dem Riss, den sie ihnen zugefügt hatte.

Der Küchentisch blieb gedeckt, doch das Brot war unberührt. Die Luft war schwer, voller unausgesprochener Fragen.

Und Lulu wusste in diesem Moment: Etwas war zerbrochen, was nicht mehr zu flicken war.

Nicht nur ihr Vertrauen – sondern ihr inneres Bild von Nähe, von Aufrichtigkeit, von Liebe.

Es blieb eine Leere. Und ein tiefer Riss.

Einer, der selbst Jahre später noch pulsierte, wenn jemand sagte: „Ich wollte nur mal sehen..."

Denn manchmal braucht es keinen Schrei, keinen Schlag, keine Gewalt – nur einen einzigen Satz, um ein Herz zu brechen.

Und doch – das Windsurfen blieb. Das Wasser, der Wind, die Freiheit. Lulu stand auf dem Brett und spürte sich. Vollkommen. Frei. Stark. Geliebt. Vielleicht nicht von ihrer Mutter. Aber vom Leben. Von diesem Moment. Von dem Möglichen.

Und irgendwo tief in ihr entstand eine Erkenntnis: Sie würde nie wieder zulassen, dass jemand ihre Welt so einfach zerstört. Sie würde ihre Freiheit behalten. Ihren Mut. Ihre Wahrheit.

Denn Verrat mag Narben hinterlassen – aber auch Klarheit schenken.

Und Lulu war bereit, ihre eigene Geschichte zu schreiben.

Lulus Erfahrung von Verrat war nicht nur eine Momentaufnahme – es war ein Riss im innersten Vertrauen, eine Erschütterung dessen, worauf sie zu bauen hoffte.

Wer einmal zutiefst verletzt wurde, beginnt, Liebe anders zu sehen – oft mit Vorsicht, manchmal mit Misstrauen, selten mit offenem Herzen.

Doch Heilung beginnt nicht damit, die anderen zu ändern. Sie beginnt mit der ehrlichen Frage:

Was hat diese Erfahrung in mir hinterlassen – und wie will ich damit leben?

Reflexionsfrage:

Wann hast du das Vertrauen in einen Menschen verloren – und was genau war es, das dich so tief getroffen hat?

Versuche, nicht nur den äußeren Vorfall zu beschreiben, sondern auch die Gefühle und Gedanken, die er in dir ausgelöst hat.

Wurde ein altes Muster berührt? Hast du dich erinnert gefühlt – an frühere Verletzungen?

Übung: Vertrauen unter dem Mikroskop

Nimm dir ein Blatt Papier und zeichne einen Kreis in die Mitte. Schreibe hinein:
„Vertrauen bedeutet für mich ..."

Nun zeichne von dort aus Linien nach außen – wie Sonnenstrahlen – und schreibe an jede Linie, was Vertrauen für dich konkret bedeutet:
Zum Beispiel: *Verlässlichkeit, Ehrlichkeit, Sicherheit, Gesehenwerden, Freiheit, Nähe ohne Angst* usw.

Hast du alles notiert, markiere drei Punkte, die dir aktuell besonders wichtig sind – und frage dich:

Wo in meinem Leben erfahre ich genau diese drei Aspekte – und wo nicht?

Was davon liegt in meiner Verantwortung – was nicht?

Diese Übung zeigt dir nicht nur, wie du Vertrauen erlebst – sondern auch, wo du es dir (wieder) erschaffen kannst.

Seite für Notizen:

Platz für deine Gedanken, Erkenntnisse und Pläne

Kapitel 14: Aufbruch in die Freiheit

Mit sechzehn Jahren machte Lulu den Windsurfing-Instructor-Schein. Es war mehr als ein sportliches Zertifikat – es war ein Zeichen. Ein erstes, leuchtendes Signal auf dem Weg in ihre eigene Freiheit. Nicht nur hinaus aufs Wasser, sondern hinaus aus der Enge ihrer Herkunft, aus dem Schatten der *„Tochter der Geschiedenen"*, hinaus aus der Identität, die ihr von anderen zugewiesen wurde: Schwester von, Helferin der, Trägerin all jener Lasten, die ihr nie zustanden.

Mit der Ausbildung bekam sie ein Verzeichnis aller Windsurfingschulen weltweit in die Hand. Eine Liste, so schlicht wie ein Telefonbuch, doch für Lulu war es eine Schatzkarte. Kein Land, kein Kontinent, auf dem nicht irgendwo ein Name stand. Kein konkretes Ziel – nur dieses vage, innere Flackern: Freiheit.

Sie schlug wahllos eine Seite auf. Münster. Ein Büro. Ein Name. Ein Impuls: Ruf an. Vielleicht wartet dort ein Anfang.

Am Telefon meldete sich ein Mann mit warmer Stimme. Er lud sie ein, vorbeizukommen. Lulu erzählte ihrer Mutter nichts. Diese lag wieder im Krankenhaus – ein Fahrradunfall nach einem Anfall. Vielleicht war es ein Unfall gewesen. Vielleicht nicht. Lulu wusste es nicht. Nur eines war klar: Es war Zeit zu gehen. Zeit, das Gewicht abzulegen, das sie seit ihrer Rückkehr von der Tante mit sich trug. Das Gewicht der Verantwortung. Der Schmerzensschreie. Der stummen Strafen. Der verschlossenen Türen. Der nie gestellten Fragen.

In Münster empfing sie ein freundlicher Herr. Er fragte, ob ihre Eltern mit der Entscheidung einverstanden seien. Lulu lächelte ruhig. *„Alles geklärt,"* sagte sie. Der Vertrag lag wenige Minuten später in ihren Händen. Sie durfte in zwei Monaten nach Kreta reisen. Ihre Seele jubelte. Der Wind, der sie all die Jahre gerufen hatte, blies nun in ihren Rücken. Und während ihr Herz Purzelbäume schlug, meldete sich eine leise Stimme: Wer kümmert sich dann um Mutter? Ihre Geschwister waren schon fort. Lulu war die Letzte. Die Pflichtbewusste. Die, die blieb.

Sie fuhr zu ihrer Tante – eine der wenigen Menschen, denen sie vertraute. Eine Frau, die ihr mehr Mutter war als ihre eigene. Die zu Zeugnistagen kam,

Kleider schickte, ihr das Backen beigebracht hatte – mit Gefühl, nicht mit Maß.

Lulu platzte fast vor Aufregung, als sie ihr von Kreta erzählte. Alles sprudelte heraus. Der Vertrag. Der Wind. Der Neuanfang.

Die Tante legte ihre Hände auf Lulus Schultern, blickte sie lange an – ernst, aber liebevoll: „Es ist an der Zeit, dass du endlich an dich denkst. Folge deinen Träumen. Ich spreche mit deiner Mutter."

Im Sommer zuvor hatte Lulu die Schule beendet. Sie hatte mit dem Gedanken gespielt, das Fachabitur zu machen. Vielleicht später studieren. Doch sie war leer. Ausgelaugt. Ihre Seele müde. Sie wollte nur weg. Raus aus der Stadt. Raus aus einem Leben, das sich wie ein Mantel über ihre Flügel gelegt hatte.

Ihre Mutter hielt das für Faulheit. „Wann gehst du endlich arbeiten?" fragte sie immer wieder.

Jetzt hatte Lulu eine Antwort.

Sie fuhr ins Krankenhaus. Ihre Mutter konnte in wenigen Tagen entlassen werden. Lulu trat an ihr Bett, legte den Vertrag nicht auf den Tisch, sagte einfach nur im Vorbeigehen: *„Ich habe Arbeit gefunden. In zwei Monaten geht es los."* Ihre Mutter war zufrieden. Fragte, wo. Lulu sagte es ihr erst, als sie wieder zu Hause war. *Kreta. Windsurfschule. Bis zum Ende des Sommers.*

Fassungslosigkeit. Lulu war nicht volljährig. Allein? So weit weg? *„Wie stellst du dir das vor?"* fragte ihre Mutter. Lulu antwortete nicht. Doch in ihr schrie es: *Ich war allein, seit ich drei war.*

Drei Tage lang herrschte Schweigen. Lulu packte. Sie würde gehen. Auch ohne Unterschrift. Auch ohne Erlaubnis. Dann, am dritten Tag, kam ihre Mutter zu ihr. Setzte sich auf ihr Bett. Ihre Stimme war ruhig, fast weich.

„So lange ich denken kann, sprichst du davon, zu reisen. Die Welt zu entdecken. Neue Sprachen zu lernen. Neue Kulturen. So oft hast du von diesen Büchern erzählt. Ich möchte dir deinen Traum nicht kaputt machen. Ich erlaube dir, nach Kreta zu gehen. Komm zurück, wenn es nicht so ist, wie du es dir erhofft hast."

Lulu war sprachlos. Ihre Mutter hatte zugehört. Sie hatte sich erinnert. Zum ersten Mal seit vielen Jahren fühlte Lulu sich gesehen. Wertgeschätzt. Akzeptiert. Unterstützt. Sie fiel ihrer Mutter um den Hals. Eine Umarmung, wie sie sie seit Jahren nicht mehr geteilt hatten.

Die Wochen bis zum Abflug zogen sich wie zäher Kaugummi. Jeden Tag ging Lulu zur Bäckerei am Ende der Straße. Dort arbeitete Birgit, ihre Freundin, in der Lehre zur Bäckereifachverkäuferin. Zwischen Brötchen, Streuselkuchen und Brezeln erzählte Lulu von Kreta, vom Wind, von der Surfschule. Birgit war wie ein offenes Ohr mit Herz. Sie stellte Fragen, lachte mit, hörte zu.

Manchmal saßen sie nach Feierabend in Lulus Zimmer, übten Windsurf-Theorie, Knoten, Segelstellungen, lasen aus dem griechischen Lehrbuch, das Lulu aus der Stadtbibliothek geliehen hatte. Birgit schrieb die wichtigsten Vokabeln auf kleine Kärtchen, malte mit Filzstiften Sonne, Meer und Windrichtungen daneben. Sie bastelte Lulu einen kleinen Zettel, den sie in ihre Jackentasche steckte: *„Du kannst das. Die Wellen warten auf dich."*

Wenn Lulu verzagt war, weil alles so groß erschien – der Flug, das Unbekannte, die Verantwortung – drückte Birgit ihr ein warmes Milchbrötchen in die Hand. *„Reiseenergie,"* sagte sie und zwinkerte. Ihre Freundschaft war das weiche Netz, das Lulus Zweifel auffing.

Und Lulu zählte die Tage. Jeder Morgen ein Schritt näher zu ihrem Traum. Jeder Abend ein stilles Gebet: Bitte, lass es wahr werden.

Am Abend vor der Abreise saß sie am Fenster. Schaute in die Nacht. Die Lichter der Stadt glitzerten wie ferne Inseln. Ihre Tasche stand gepackt neben dem Bett. In ihrem Herzen ein Sturm aus Angst und Freude, Mut und Wehmut. Sie legte ihre Hand auf ihren Brustkorb, spürte den Herzschlag.

Ich gehe. Ich wage es. Und ich werde frei sein.

Lulus Entscheidung, zu gehen, war mehr als ein geografischer Aufbruch – es war ein innerer Befreiungsschritt.

Freiheit bedeutet nicht nur, sich zu entfernen, sondern sich zu erlauben, ein neues Kapitel zu beginnen – jenseits von Schuld, Erwartungen und Angst. Doch Freiheit ist kein einmaliger Akt.

Sie will entdeckt, verteidigt, gestaltet werden. Immer wieder. Besonders, wenn sie gegen die Stimmen der Vergangenheit antritt.

Reflexionsfrage:

Was bedeutet Freiheit für dich – innerlich und äußerlich? Und in welchem Lebensbereich fühlst du dich noch unfrei?

Denke dabei nicht nur an große Lebensentscheidungen.

Manchmal zeigt sich Unfreiheit in alltäglichen Dingen:

im Schweigen, im Kompromiss, in der Angst, „zu viel" zu sein.

Übung: Deine persönliche Freiheitsdefinition

Schließe die Augen und stelle dir folgende Szene vor:

Du wachst an einem Ort auf, der sich für dich vollkommen frei anfühlt.

- ✧ Wo bist du?

- ✧ Wie sieht dein Tag aus?

- ✧ Wie gehst du, wie sprichst du, wie fühlst du dich dort?

- ✧ Wer bist du in dieser Freiheit?

Jetzt öffne die Augen und beschreibe diese Vision schriftlich in 5–7 Sätzen.

Gib ihr einen Titel wie z. B. „Mein freies Ich" oder „Freiheit, wie sie sich für mich anfühlt".

Hänge diese Beschreibung gut sichtbar auf.

Sie ist kein unerreichbarer Traum – sondern ein Kompass.

Seite für Notizen:

Platz für deine Gedanken, Erkenntnisse und Pläne

Kapitel 15: Der erste große Abschied

Der Tag des Abflugs kam schneller, als Lulu es sich je hätte vorstellen können. Alles war fremd, neu, aufregend – und zugleich so unwirklich. Noch nie war sie geflogen. Der Gedanke daran, in wenigen Stunden durch die Lüfte in ein neues Leben zu reisen, ließ ihr Herz gleichermaßen rasen vor Vorfreude und zittern vor Angst.

Am Flughafen war die Stimmung gedrückt. Ihre Mutter und deren Partner begleiteten sie, doch die Atmosphäre war nicht die einer feierlichen Verabschiedung. Es lag etwas Unausgesprochenes in der Luft – eine Mischung aus Schuld, Kontrolle, Sorge und Widerstand. Lulu spürte es wie ein unsichtbares Band um ihre Brust.

Ihre Mutter nahm ihr ein Versprechen ab, das wie eine Kette klang: Sie solle jeden Sonntag anrufen. Lulu nickte. Nicht, weil sie wollte – sondern weil sie wusste, dass sonst keine Ruhe einkehren würde.

Und dann, endlich, hob sie ab. Die Tragflächen des Flugzeugs durchschnitten die Wolken, während unter ihr all das zurückblieb, was so lange ihr Gefängnis gewesen war.

Als Lulu in Kreta landete, war es, als hätte jemand das Licht aufgedreht. Die Sonne hatte einen anderen Glanz, die Luft war warm, salzig und voller Leben. Die Olivenbäume flüsterten Geschichten im Wind, und die Farben – ocker, türkis, weiß – waren intensiver, echter.

Sie spürte den Boden unter ihren Füßen wie zum ersten Mal. Hier war sie nicht die Tochter der Geschiedenen. Nicht die stille Schwester. Nicht das Kind, das zu stark sein musste. Hier war sie einfach Lulu.

Die ersten Wochen auf der Insel waren ein Rausch. Neue Eindrücke, neue Menschen, neue Herausforderungen. Lulu arbeitete hart, lernte schnell, passte sich an. Sie erkannte, dass vieles von dem, was für andere selbstverständlich war, für sie neu war – einfache Alltagsroutinen, soziale Codes, das offene Gespräch. Doch sie war fest entschlossen, sich durchzubeißen. Aufgeben war keine Option.

Sonntags, wie versprochen, stellte sie sich in die lange Schlange vor dem Kiosk mit den wenigen Telefonapparaten. Die Verbindung war oft schlecht, das Warten zermürbend. Und wenn sie endlich ihre Mutter erreichte, gab es keine Freude, keine echten Fragen, keine Neugier auf ihr neues Leben. Stattdessen Vorwürfe: Warum sie so spät anrufe. Warum sie nicht pünktlich sei. Warum sie so weit weg sei.

Lulu hatte das Gefühl, ihre Mutter wollte nur eines hören – dass sie scheiterte, dass sie Heimweh hatte, dass sie zurückkäme. Doch sie blieb. Auch wenn jeder Anruf eine neue Last war.

Als ihre Mutter beiläufig am Telefon erwähnte, dass sie nun geheiratet habe, fühlte sich Lulu seltsam leer. Es war wie ein weiterer kleiner Tod – der Tod der Hoffnung, dass sie einmal im Mittelpunkt stehen würde, dass ihre Mutter sie sehen würde, ihre Sehnsucht, ihr Ringen um Anerkennung.

Stattdessen kam die Nachricht beiläufig, fast kalt. Und als sie auch noch erfuhr, dass ihre Mutter nun einen Führerschein machte – nach all den Jahren der angeblichen Krankheit – schnürte sich Lulu die Kehle zu. Jetzt, wo die Kinder aus dem Haus waren, war ihre Mutter gesund. Jetzt war Platz für ein neues Leben. Ohne sie.

Wenn Lulu die Schwere dieser Erkenntnis nicht mehr ertrug, stieg sie auf ihr Motorrad. Sie fuhr durch die Berge, spürte den Wind auf der Haut, das Brummen des Motors unter sich und das Licht des Südens im Herzen. Es war ein Akt der Befreiung, ein Aufschrei gegen das alte Leben.

Manchmal fuhr sie einfach nur der Küstenlinie nach – endlos, frei, ohne Ziel. Immer entlang des Wassers. Dort, wo sie atmen konnte.

Doch die dunklen Schatten ließen sich nicht einfach abschütteln.

Auf Kreta wusste kaum jemand, woher sie kam. Es wurde fast nur Englisch oder Griechisch gesprochen. Und wenn Menschen sie fragten, woher sie sei, lächelte sie und antwortete leise, aber bestimmt:

„It doesn't matter where you're from. It matters where you're at."
(„Nicht woher du kommst zählt, sondern wo du jetzt bist.")

Ein Satz, der mehr war als eine Antwort – er war ein Bekenntnis. Zu sich selbst. Zu dem Ort, an dem sie stand. Und zu dem Menschen, der sie gerade wurde.

Sie liebte die Gemeinschaft, die sich rund um die Surfschule gebildet hatte – bunt, lebendig, herzlich. Windsurfing- und Segel Instruktoren, Tennislehrer, Animateure, Einheimische und Gäste der Kollegen: Sie saßen oft gemeinsam unter freiem Himmel, tranken Raki, erzählten Geschichten in vielen Sprachen, lachten, diskutierten, feierten das Leben. Lulu fühlte sich verbunden – mit Menschen aus aller Welt, mit dem Wind, mit dem Meer.

Doch wenn die Gespräche auf Familie, Kindheit oder Jugend kamen, wurde sie still. Ihr Blick wich aus, ihr Lächeln gefror für einen Moment.

Manchmal schlich sie sich dann leise davon, stieg auf ihr Motorrad und fuhr einfach los. Hoch in die Berge, an den Klippen entlang oder dorthin, wo der Wind den letzten Rest Schwere aus ihrer Seele pustete.

Oder sie setzte sich zu den Alten ins *Kafeníon* im Dorf, spielte stundenlang Backgammon, trank starken griechischen Kaffee, schwieg mit ihnen – und war doch nie einsam.

Als Lulu im Winter zum ersten Mal für einen kurzen Besuch nach Hause kam, traf sie die Realität wie ein Schlag. Ihre Mutter eröffnete ihr, dass ihr ehemaliges Zimmer nun ein Esszimmer sei – sie könne ja in den Keller ziehen. In den Keller. Ohne Worte. Ohne Diskussion. Ein Rauswurf, verpackt in Schweigen.

Lulu packte ihre Sachen und brachte sie zu einer Freundin. Dort durfte sie wohnen, wenn sie zu Besuch war. Der Kontakt zur Mutter versiegte. Zwei Jahre lang sprach sie kein Wort mit ihr. Keine Briefe, keine Anrufe, keine Besuche. Und obwohl es schmerzte, war es auch heilsam.

Lulu verbrachte den nächsten Winter in England, lernte weiter, arbeitete, lebte. Und fragte sich dennoch immer wieder: War es richtig? Darf man sich von seiner Mutter entfernen? Muss Familie nicht zusammenhalten?

Im vierten Jahr auf Kreta kündigte sich überraschend Besuch an. Ihre Schwester kam mit ihrem kleinen Sohn – und mit ihrer Mutter. Und deren Mann. Lulu war überrascht, überrumpelt – und für einen Moment sogar glücklich. Vielleicht war dies der Anfang einer neuen Beziehung. Vielleicht vermisste ihre Mutter sie wirklich.

Lulu zeigte ihnen stolz ihre kleine Unterkunft. Karg, einfach, aber liebevoll eingerichtet. Ihre Mutter sah sich um, rümpfte die Nase und sagte nur: *„Na ja."*

Am Strand stellte Lulu ihre Chefin und ihren Chef vor, zeigte, wie sie arbeitete, wie sie lebte. Doch auch hier nur Naserümpfen. Kein Lob. Kein Staunen. Kein *„Ich bin stolz auf dich."*

Als die Familie abreiste, kam ihre Chefin zu ihr. Eine Frau, die Lulu mit offenen Armen empfangen hatte, die ihre Arbeit schätzte und ihre Seele sah. Sie nahm Lulu sanft in den Arm und sagte:

„Jetzt verstehe ich dich. Jetzt weiß ich, warum du nie über deine Familie sprichst. Du bist eine mutige junge Frau. Und wir sehen, was du leistest. Bleib so, wie du bist."

Diese Worte taten mehr, als ihre Mutter in all den Jahren je gesagt hatte. Und doch – tief in Lulu blieb eine Sehnsucht. Nach Anerkennung. Nach einem

Zuhause. Nach einer Mutter, die sie nicht verändern, sondern einfach lieben wollte.

Die Jahre vergingen. Lulu lernte Sprachen, reiste, lebte ihren Traum. Aber in ihr blieb eine Unruhe. Eine Lücke. Eine Frage, die sie immer wieder einholte: Kann man frei sein, wenn man innerlich noch gebunden ist?

Und doch wusste sie – ihr Aufbruch nach Kreta war nicht nur der erste große Abschied. Es war der erste Schritt in ihre eigene Wahrheit. In ein Leben, das nicht länger von Schuld und Schweigen geprägt war, sondern von Wind, Wasser und dem zarten, aber unbeirrbaren Wunsch, endlich sie selbst zu sein.

Lulu erlebte ihren ersten großen Abschied nicht nur als räumliche Trennung – sondern als Bruch.

Der Moment, in dem sie verstand: Nicht jede Trennung ist böse. Manchmal ist sie notwendig, um überhaupt zu überleben.

Um wachsen zu können, müssen wir manchmal gehen – auch wenn unser Herz sich danach sehnt, zu bleiben. Doch wie gehen wir, ohne uns selbst zu verlieren? Und was nehmen wir unbewusst mit?

Reflexionsfrage

Was war dein prägendster Abschied – und welche Gedanken oder Gefühle trägst du noch heute mit dir?

Wurde etwas ausgesprochen?

Blieb etwas ungesagt?

Welche Bedürfnisse waren damals nicht erfüllt?

Übung: „Der offene Koffer"

Nimm dir ein Blatt Papier. Stelle dir vor, du öffnest einen Koffer, den du bei diesem Abschied gepackt hast – bewusst oder unbewusst.

Schreibe in drei Spalten:

1. **Was habe ich mitgenommen?** (z. B. Schuld, Sehnsucht, Wut, Hoffnung)

2. **Was darf nun raus?** (z. B. der Schmerz, die Angst, die alten Glaubenssätze)

3. **Was möchte ich bewusst neu hineinlegen?** (z. B. Selbstachtung, Vergebung, Vertrauen)

Falte das Blatt, stecke es in einen Umschlag oder lege es an einen besonderen Ort. Dies ist dein neuer innerer Reisekoffer – leicht und heilsam gepackt.

Seite für Notizen:

Platz für deine Gedanken, Erkenntnisse und Pläne

Kapitel 16: Die schwere Heimkehr

Nach sechs aufregenden Sommern auf Kreta kehrte Lulu im Winter nach Deutschland zurück.

Die Insel hatte ihr Sonne, Gemeinschaft, Weite und Selbstwirksamkeit geschenkt. Sie hatte sich dort neu erfunden – jenseits aller Zuschreibungen, jenseits ihrer Vergangenheit. Doch nun, mit dem Kind unter ihrem Herzen, wusste sie: Es war Zeit zurückzukehren.

Der Flug war ruhig gewesen, aber in ihr tobte ein Sturm. Lulu trug neues Leben in sich, ein ungeplantes Kind, und doch war es gewollter als alles zuvor. Kein Zweifel hatte je eine Chance. Dieses Wesen in ihr war Geschenk und Verantwortung zugleich. Vielleicht war es sogar eine zweite Chance – das weiterzugeben, was sie sich selbst immer gewünscht hatte: Liebe. Geborgenheit. Ein Zuhause.

Sie hatte geglaubt – gehofft –, dass ihre Rückkehr mit diesem Kind vielleicht etwas in ihrer Mutter berühren würde. Dass sich etwas öffnen würde, eine Tür, ein Herz, ein Blick.

Doch als sie am Flughafen ankam, stand ihre Mutter da, die Arme verschränkt, der Blick kühl, ohne jede Regung. Kein Lächeln. Keine Freude. Keine Neugier auf das neue Leben, das sich da ankündigte.

Die Begrüßung war kurz, das Gespräch auf der Fahrt durch das graue Land bestand aus Schweigen. Lulu starrte aus dem Fenster, sah kahle Bäume, verlassene Felder, den Nebel über den Straßen – und spürte, wie sich diese Kälte nicht nur außen, sondern auch in ihr ausbreitete.

Als sie in ihrer Heimatstadt ankamen, hielt der Wagen nicht vor dem Haus der Mutter, sondern vor dem ihrer früheren Freundin.

„Hier bist du untergebracht," sagte die Mutter knapp, ohne sie anzusehen.

Lulu stieg aus. Der Asphalt war nass, die Luft schneidend. Ihr Koffer stand neben ihr wie ein Fremdkörper. Kein Wort des Willkommens, kein Kuss, kein Blick zurück.

Sie atmete tief durch.

Und in diesem Moment erinnerte sie sich.

Wie oft sie früher so dagestanden hatte – klein, verlassen, wartend, dass jemand sie sah, holte, hielt. Doch jetzt war sie keine Wartende mehr.

Jetzt war sie eine Frau.

Eine werdende Mutter.

Sie blieb nicht stehen. Sie zog den Griff ihres Koffers aus, richtete sich auf und trat ein. Für sich. Und für ihr Kind.

Doch das war nur der Anfang.

Wenige Wochen später begann auch die Freundin, bei der sie untergebracht war, auf Distanz zu gehen. Erst waren es Blicke. Dann Schweigen. Und schließlich Sätze, die tiefer schnitten als jedes Messer.

„Was sollen die Nachbarn denken?"

„Und wenn der Vater plötzlich auftaucht?"

„Ein schwarzes Kind? Das wird hier schwierig."

Als Lulu glaubte, tiefer könne man sie nicht stoßen, kam die Mutter ihrer Freundin auf Lulu zu und sagte:

„Geh dahin zurück, wo du herkommst. Solche wie dich wollen wir hier nicht."

Und da stand sie wieder – allein.

Ein Koffer an ihrer Seite. Kälte im Nacken. Ein neues Leben im Bauch.

Es war wie damals. Und doch war diesmal alles anders.

Denn Lulu blieb nicht stehen.

Sie wartete nicht auf Verständnis. Nicht auf Entschuldigungen. Nicht auf Liebe.

Sie ging.

Sie fand Unterschlupf in einer Wohngemeinschaft. Ein kleines Zimmer. Ein eigener Schlüssel. Ein leises Willkommen.

Und sie kämpfte.

Sie kämpfte sich durch Anträge, durch Behörden, durch Alltagsherausforderungen. Sie fand einen Job in der Firma ihres Bruders, verdiente ihr eigenes Geld, ging zu Vorsorgeuntersuchungen, lernte, sich durchzubeißen.

Was ihre Mutter sagte, was die Freundin dachte, was die Gesellschaft urteilte – es war das Echo einer Vergangenheit, die nie ganz verstummt war. Lulu spürte, wie tief die Ablehnung reichte. Wie früh sie gelernt hatte, sich nicht willkommen zu fühlen. Wie oft sie glaubte, erst leisten zu müssen, um geliebt zu werden.

Aber diesmal war etwas anders.

In ihr wuchs etwas, das sie zum ersten Mal glauben ließ, dass sie es wert war.

Dieses Kind – dieses Leben – war ihr Versprechen an sich selbst.

Und in den stillen Nächten, wenn sie allein auf ihrer Matratze lag, eine Hand auf ihrem Bauch, spürte sie mehr als nur das neue Herz, das in ihr schlug.

Sie spürte auch ihr eigenes.

Noch wund. Aber mutig. Noch vorsichtig. Aber wach.

Und sie wusste: Die Frau, die ihr einst das Leben geschenkt hatte, konnte keine Freiheit geben – weil sie selbst nie frei gewesen war.

Gedemütigt, gedrängt, klein gemacht – und all das gab sie weiter, wie ein Erbe aus Stein. Doch Lulu wollte kein Trägerstein mehr sein.

Sie wollte nicht schweigen. Nicht weitertragen. Nicht weitergeben.

Sie wollte lieben. Anders. Ehrlich. Bedingungslos.

Ich sehe dich. Ich höre dich. Ich liebe dich – nicht trotz deiner Herkunft, deiner Hautfarbe, deiner Umstände. Sondern genau deswegen.

Und obwohl der Weg steinig war, obwohl jeder Tag neue Fragen brachte, spürte sie:

Sie war bereit zu gehen.

Nicht den Weg der Schuld. Nicht den Weg der Angst. Nicht den Weg, den andere für sie ausgesucht hatten.

Sondern ihren eigenen.

Den Weg der Liebe.

Und wenn sie nachts das Rauschen des kretischen Meeres in ihrer Erinnerung hörte, dann wusste sie:

Sie hatte nicht alles verloren.

Sie hatte sich selbst gefunden.

Lulu kehrt nach Jahren des Aufbruchs in ein altes System zurück – und wird erneut nicht willkommen geheißen.

Die Vergangenheit, vor der sie einst floh, erwartet sie mit schweigenden Türen, Vorurteilen und Ausgrenzung.

Doch diesmal steht sie nicht mehr als Kind mit leerem Blick da. Diesmal trägt sie neues Leben in sich – und einen neuen Mut.

Dieses Kapitel lädt dazu ein, eigene Erlebnisse mit Ausgrenzung, Neubeginn und Selbstachtung zu betrachten – und neu zu bewerten.

Reflexionsfrage

Gab es in deinem Leben einen Moment, in dem du zurückkamst – in ein altes Umfeld, eine Beziehung, einen inneren Zustand – und dich nicht willkommen gefühlt hast?

Wie bist du damit umgegangen?

Übung: „Deine innere Tür öffnen" – Symbolarbeit mit Gegenständen

Du brauchst: drei kleine Gegenstände (z. B. ein Stein, ein Schlüssel, ein Stück Stoff oder etwas aus deinem Alltag).

Anleitung:
Lege die drei Gegenstände im Halbkreis vor dich – jeder steht für einen Aspekt deiner Heimkehr-Erfahrung (oder einer vergleichbaren Situation):

1. **Der erste Gegenstand** steht für das, was dich *abgelehnt hat*

2. **Der zweite** für das, was *du dir erhofft hattest*

3. **Der dritte** für das, was *du dir heute selbst gibst*

Nimm dir Zeit, die Dinge nacheinander zu betrachten. Berühre sie. Spüre, wie sich das Thema körperlich anfühlt. Dann verschiebe sie: Lege den ersten Gegenstand weiter weg. Den zweiten etwas näher. Und den dritten direkt vor dich. Lass diesen letzten bewusst als Symbol für deine heutige Kraft wirken.

Wenn du magst, trägst du diesen Gegenstand in den kommenden Tagen bei dir – als Erinnerung daran, dass du die Tür zu dir selbst immer öffnen kannst.

Diese Übung eignet sich für alle Menschen, egal ob mit oder ohne Kinder – sie spricht die Erfahrung an, sich selbst ein inneres Zuhause zu schaffen, wenn man im Außen keinen Platz findet.

Seite für Notizen:

Platz für deine Gedanken, Erkenntnisse und Pläne

Kapitel 17: Mutter werden

Lulu war so stolz und so dankbar, dass sie Mutter werden durfte. In ihren Armen hielt sie das kleine Wunder ihres Lebens – ihren Sohn. Als sie ihn zum ersten Mal an sich drückte, durchströmte sie eine weiche, warme Welle, wie sie sie noch nie zuvor gespürt hatte. Es war keine Liebe, die man beschreiben konnte. Es war ein tiefes, stilles Wissen:

„Du bist mein Kind. Mein Herz. Mein Zuhause."

Sie hatte sich geschworen, es besser zu machen. Sie wollte ihn beschützen, ihn halten, ihn nie von sich stoßen – so wie sie selbst einst gestoßen worden war.

Und dann, eines Morgens, als ihr Sohn sie ansah, überkam sie ein Gefühl, das sie vollkommen überwältigte.

Er lächelte.

Und nicht einfach so. Es war dieses besondere Lächeln. Dieses, das Lulu einst als Baby hatte.

Das weiche, sonnige, stille Lächeln, von dem ihre Mutter ihr einmal erzählt hatte.

Sie hatte gesagt, dass Lulu, kaum geboren, diesen Blick hatte – als würde sie die Welt mit Licht durchfluten.

Und nun sah sie dieses Licht in den Augen ihres Sohnes.

Lulu stockte der Atem.

In diesem Moment quoll sie über vor Liebe und Stolz. Tränen stiegen ihr in die Augen, denn in diesem einen Lächeln sah sie all das Gute, das sie weitergeben konnte. All das Licht, das sie selbst nie ganz verlieren wollte.

Und vielleicht – nur vielleicht – konnte sie in diesem Augenblick sogar nachempfinden, wie sich ihre Mutter damals gefühlt haben musste, als sie sie zum ersten Mal im Arm hielt.

Zum ersten Mal fühlte Lulu eine tiefe, fast schmerzhafte Verbundenheit zur Frau, die sie zur Welt gebracht hatte.

Doch so tief dieser Moment der Liebe war, so groß war gleichzeitig die Angst, zu versagen.

Lulu hatte keine Sicherheit, keinen familiären Halt, keinen Vater an ihrer Seite. Nur sich selbst – und dieses kleine Wesen, das vollkommen auf sie vertraute.

Wird er mich verurteilen? Wird er mir irgendwann vorwerfen, dass ich ihm keinen Vater bieten konnte?

Die Fragen nagten an ihr. Doch sie schwieg sie weg. Weil sie stark sein musste. Für ihn.

Als ihr Sohn etwa ein Jahr alt war, wollte sie mit ihm in eine kleine Wohnung ziehen. Ein Neuanfang. Ein Ort, der nur ihnen gehörte. Doch der Einzug verzögerte sich – Wasserschäden im Haus.

Stolz beiseitelegend fragte Lulu ihre Mutter, ob sie für einige Wochen bei ihr unterkommen dürfe. Es fiel ihr schwer. Sehr schwer.

Die Antwort kam knapp und nüchtern: *„Zum Wohl des Kindes – nicht deinetwegen."*

Trotz der Kälte nahm sie Lulu auf.

Eines Abends, Lulu war erschöpft, bat sie ihre Mutter, den Jungen für ein paar Minuten zu halten. Ihre Mutter nahm ihn – und als er sie ansah und lächelte, veränderte sich etwas in ihrem Blick.

Für einen winzigen Moment war da ein Leuchten. Ein Weichwerden.

Vielleicht erinnerte auch sie sich daran, wie Lulu einst als Baby gelächelt hatte.

Doch Worte darüber verlor sie nicht.

Die Demütigungen hörten nie ganz auf.

Als der Junge älter wurde, forderte Lulus Mutter zunehmend, dass er Zeit bei ihr verbringen sollte – *„der Nachbarn wegen"*, wie sie betonte.

Es ging nie um Lulu. Nie um das Band zwischen Mutter und Tochter. Es ging um das Bild nach außen.

In jenen Momenten, in denen Lulu am Ende ihrer Kräfte war – vom Arbeiten, vom Alleinsein, vom Muttersein – bat sie ihre Mutter, für kurze Zeit auf ihren Sohn aufzupassen. Nur um einmal durchatmen zu können.

Doch ihre Mutter winkte nur ab:

„Du hast es dir ausgesucht, komm damit klar. "

Und Lulu schwieg wieder.

Wie sie es immer getan hatte.

Nur dass sie dieses Mal nicht für sich schwieg – sondern für ihr Kind.

Sie wollte nicht, dass er spürte, wie leer manche Worte waren.

Wie schmerzhaft das Schweigen sein konnte.

Tief in ihrem Inneren wusste sie, dass sie alles daransetzen würde, diesem Kind eine andere Mutter zu sein.

Eine, die nicht aus Kälte sprach.

Eine, die ihn nie zweifeln ließ, ob er gewollt war.

Und trotzdem war da diese leise Angst.

Dass all das, was sie selbst erlebt hatte, sich ungewollt wiederholte.

Dass ihre Prägung stärker war als ihr Wille.

Lulu kämpfte – gegen die Schatten der Vergangenheit, gegen ihre Erschöpfung, gegen die Angst, zu scheitern.

Doch jeden Morgen, wenn sie die kleinen Augen ihres Sohnes sah, wenn dieses weiche, sonnige Lächeln auf seinem Gesicht erschien – da wusste sie:

Für dieses Lächeln lohnt sich alles.

Es war der Beweis, dass Liebe nicht endet.

Sondern durch uns neu geboren werden kann.

Immer wieder.

Und so sang sie ihm jeden Abend zum Einschlafen das gleiche Lied – sanft, mit brüchiger Stimme und einem warmen, sehnsüchtigen Herzen:

„You are my sunshine, my only sunshine ..."

(„Du bist mein Sonnenschein, mein einziger Sonnenschein ...")

Sie sang es für ihn.

Und auch für sich selbst.

Für das kleine Mädchen, das sie einmal war.

Für das Kind, das nie eine eigene Melodie bekam.

Jetzt bekam es eine.

Jetzt durfte es heilen.

Mit jedem Atemzug. Mit jedem Lied. Mit jedem neuen Tag.

Als Lulu Mutter wurde, wuchs nicht nur ein Kind in ihr heran – auch ihr innerer Anspruch, alles anders zu machen, wurde groß. Mit ihrem Sohn im Arm spürte sie eine Liebe, die über Worte hinausging.

Doch je heller das Licht, desto länger der Schatten: Alte Ängste meldeten sich zurück, die Frage nach dem Genügen, die Sorge, Muster unbewusst weiterzugeben.

Dieses Kapitel öffnet einen stillen Raum für eine zentrale menschliche Frage:

Wie liebe ich, ohne mich selbst dabei zu verlieren – und ohne aus Angst zu kontrollieren?

Reflexionsfrage

Wem gegenüber hast du in deinem Leben (bewusst oder unbewusst) das Versprechen abgegeben: „Ich mache es anders als du" – und was hat dieses Versprechen mit dir gemacht?

Übung: „Wortschatz der Selbstfürsorge" – Schreibimpuls mit Perspektivwechsel

Du brauchst: Papier, Stift und 10 Minuten ungestörte Zeit.

Anleitung:

1. Schreibe einen kurzen, inneren Monolog auf – aus der Perspektive von jemandem, der dich liebt.

   Stelle dir vor, du wärst ein kleiner Mensch (Kind, innerer Anteil, jüngeres Ich) in seinen Armen.

   Wie würde diese Person dich sehen, trösten, bestärken? Welche Worte würdest du hören? Schreib frei, ohne zu bewerten.

2. Lies deinen Text laut vor – wie eine Meditation. Lass die Worte wirken. Vielleicht merkst du, wie stark du sein kannst, wenn du dich selbst mitfühlend betrachtest.

3. Notiere zum Abschluss **einen Satz, der bleibt** – ein Satz, der dich in Momenten der Selbstzweifel erinnern kann:

   „Ich bin genug – auch mit meiner Angst. "

   Oder was auch immer deine innere Wahrheit ausdrückt.

Diese Übung ist besonders hilfreich für alle, die Verantwortung tragen – für Menschen, Projekte oder ihr eigenes inneres Kind. Sie stärkt den Blick auf die eigene Liebesfähigkeit, auch wenn diese von Zweifeln überschattet ist.

Seite für Notizen:

Platz für deine Gedanken, Erkenntnisse und Pläne

Kapitel 18: Spiegel der verdrängten Wunden

Die Jahre vergingen, und Lulu bekam eine Tochter. Ein Mädchen. Ein Wunder. Eine Hoffnung. Sie hatte es sich immer gewünscht – eine Tochter, mit der sie all das leben konnte, was sie selbst nie erfahren durfte. Eine sanfte, warme Verbindung, getragen von Nähe, Vertrauen und Liebe. Lulu hatte es erlebt in ihren ersten Jahren, doch es wurde ihr genommen in einem Atemzug. Nun wollte sie es mit ihrer eigenen Tochter leben – all das, was ihr genommen wurde, wollte sie ihrer Tochter und sich selbst schenken.

Doch schon in den ersten Augenblicken nach der Geburt spürte Lulu eine beunruhigende Leere in sich. Neben dem Stolz, der Dankbarkeit, der überwältigenden Liebe war da auch eine andere Stimme – leise, aber unüberhörbar: „Wirst du sie lieben können?"

Der Entbindungstermin war längst überschritten. Lulu – wieder allein, schwanger mit ihrer Tochter, während ihr fünfjähriger Sohn ihre Hand hielt – kämpfte drei Tage lang mit Wehen. Doch die Kleine kam nicht. Vielleicht, weil sie um ihre schwere Aufgabe wusste. Vielleicht, weil sie noch etwas länger in der schützenden Nähe ihrer Mutter verweilen wollte. Und Lulu? Sie plagten Zweifel. Ob sie all dem gerecht werden konnte. Ob sie überhaupt genug Liebe hatte – für beide.

In der Nacht, ganz still, nur ein zartes Wimmern – lag Lulu schließlich mit ihrer Tochter im Arm. Ein Gesicht wie gemalt. Zart, wunderschön. Beide erschöpft von den Tagen zuvor. Am Nachmittag betrachtete Lulu dieses kleine, perfekte Wesen erneut. Und obwohl sie Dankbarkeit empfand, flüsterte sie leise: „Wer bist du?" Es war ein Gefühl, das sie nicht benennen konnte. Ein feiner Riss inmitten des Wunders.

Die ersten Wochen als neue kleine Familie waren geprägt von Aufregung, Liebe und dem Stolz des großen Bruders, der seine Schwester wie ein kleiner Löwe beschützen wollte. Lulu wollte ihrer Tochter die gleiche Liebe und Aufmerksamkeit schenken wie ihrem Sohn. Auch ihr sang sie leise das gleiche Lied ins Ohr: *„You are my sunshine ..."* – als würde sie damit eine Brücke schlagen zwischen den beiden, zwischen sich und diesem neuen kleinen Leben. Doch Lulu musste schon bald wieder arbeiten. Allein verantwortlich für den Unterhalt, getragen von Pflichtgefühl und dem Wunsch, stark zu sein, brachte sie ihre Tochter in fremde Arme. Nicht in der Ruhe und Nähe, in der sie sie so gern gehalten hätte. Die Schuld nagte an ihr, ihr Herz war zerrissen zwischen Versorgung und Verbindung. Und als wäre all das spürbar, entwickelte ihre Tochter eine schwere Neurodermitis – als würde sie sich nicht wohlfühlen in ihrer Haut, nicht nur körperlich, sondern tief in ihrer Seele.

Schon während der Schwangerschaft hatte Lulu Bilder im Kopf, die sie nicht losließen. Sie sah ihre Tochter zusammengerollt in ihrem Bauch – nicht geborgen, sondern einsam, abgewandt, in sich gekehrt. Als hätte das kleine Wesen einen Schmerz gespürt, der gar nicht aus diesem Leben stammte. Lulu versuchte, diese Bilder zu verdrängen, doch sie blieben. Flackerten auf in stillen Momenten. Und sie spürte: Da ist etwas, das ich nicht verstehe.

Die Beziehung zu ihrer Tochter war von Anfang an anders als die zu ihrem Sohn. Ihr Erstgeborener hatte sie mit seinem Lächeln verzaubert – weich, sonnig, voller Vertrauen. Ein Lächeln, von dem auch ihre Mutter einst erzählt hatte – das Lächeln, mit dem Lulu selbst geboren wurde. Vielleicht hatte sie damals, nur für einen Moment, wirklich gespürt, was es heißt, willkommen zu sein. Doch mit ihrer Tochter war alles brüchiger, härter, unvorhersehbar.

Schon als Kleinkind war sie stark, fordernd, klar. Sie nahm sich Raum, den Raum, den Lulu nie haben durfte. Sie war laut, mutig, widerspenstig. Und damit auch: eine Bedrohung. Nicht für Lulu als Mutter, sondern für das verletzte Kind in ihr. Für das Mädchen, das einst verstummte. Für die, die gelernt hatte, dass Anpassung Liebe bringt – und Widerstand Bestrafung.

Und dann waren da diese Momente, zart, unschuldig, voller kindlicher Liebe. Wenn ihre Tochter mit leuchtenden Augen auf sie zulief, die Ärmchen weit geöffnet, sich mit aller Kraft an Lulus Hals klammerte, eng schmiegte, als wollte sie mit ihrer Mama eins werden. Für die Welt mochte das wie ein Geschenk wirken, doch in Lulu spannte sich alles an. Unmerklich für andere, aber in ihr tobte ein Sturm. Es war kein Mangel an Zuneigung, kein Unvermögen zu lieben. Es war ein Gefühl, das wie eine Welle aus der Tiefe kam. Ein beklemmendes Ziehen in der Brust, eine Enge, die ihr den Atem raubte, eine Panik, die aus dem Nichts aufstieg und sie überrollte.

Sie konnte es nicht einordnen. Und so löste sie sich immer wieder hastig aus den Umarmungen, legte das Kind sanft, aber bestimmt zur Seite, mit einem Lächeln, das nicht bis in die Augen reichte. Für ihre Tochter fühlte es sich an wie Ablehnung. Ein Wegstoßen. Ein Nicht-Gesehenwerden.

Erst später verstand Lulu, was sich da regte. Es war die Erinnerung, die in ihrem Körper wohnte, nicht in Worten, sondern im Zellgedächtnis. Eine stille Spur eines alten Traumas, das erwachte, als ihre Tochter drei Jahre alt wurde. So alt wie Lulu gewesen war, als man sie von ihrer Mutter trennte. Ein Jahr lang kein Zuhause, kein Halt. Und als sie zurückkam, umarmte ihre Mutter sie mit solcher Wucht, dass sie kaum Luft bekam. Ein Griff, so fest, dass Lulu glaubte, zu ersticken. Damals schon hatte sich etwas in ihr verschoben – Liebe wurde mit Verantwortung gleichgesetzt, Nähe mit Enge, Zärtlichkeit mit Schuld.

Sie hatte geglaubt, all das längst abgelegt zu haben. Doch nun, in den Armen ihrer Tochter, kam es zurück. Nicht als Gedanke. Nicht als Bild. Sondern als Gefühl. Roh. Echt. Überfordernd. Jede Umarmung wurde zu einem Riss zwischen dem Wunsch zu lieben und der Schwere der Geschichte, die in ihr wohnte.

Die Konflikte häuften sich. Immer wieder stand Lulu fassungslos vor diesem kleinen Menschen, der so viel in ihr auslöste. Ihre Tochter war ein Spiegel – einer, in dem Lulu sich selbst nicht erkennen wollte. Nicht in der Klarheit. Nicht in der Wut. Nicht in der Stärke. Sondern in der verdrängten Trauer, der Ohnmacht, der alten Ablehnung. Es war, als würde ihre Tochter das verlorene Ich mit aller Macht zurückholen.

Auch Lulus Mutter spürte diese Ähnlichkeit und begegnete dem Kind mit derselben Härte wie einst Lulu. Kritisch, scharf, ablehnend. Auf Fotos war es kaum zu übersehen: die Augen, die Haltung, das Leuchten – wie ein Echo durch die Generationen. Zwei Seelen – eine Wunde. Und Lulu stand dazwischen, zerrissen zwischen dem Wunsch zu beschützen und der Angst, zu versagen.

Vielleicht, dachte sie manchmal, würde sie erst dann ganz lieben können, wenn sie sich selbst endlich annähme. Nicht das Bild von sich, sondern das, was darunter lag. Doch während Lulu sich in der Ferne langsam selbst fand, warteten zu Hause die alten Muster – bereit, sie zurückzuziehen. Ihre Mutter bestimmte, was die Kinder trugen – ordentliche Kleidung, für das Bild nach außen.

Lulu spürte den Widerstand in sich, doch sie konnte sich nicht lösen. Zu tief war der Wunsch, es endlich richtig zu machen. Zu stark der Drang, ihrer

Mutter zu zeigen, dass sie es wert war, gesehen und geliebt zu werden. Und der Preis war hoch: Schuld. Scham. Überforderung.

Manchmal, wenn Lulu allein in der Küche stand, die Hand auf dem heißen Wasserkessel, spürte sie diesen Schmerz, der wie Nebel durch ihre Adern floss. Unausgesprochen. Vererbt. Ihre Großmutter, die früh starb. Ihre Mutter, die als Kind allein blieb. Lulu, die mit drei Jahren fortgebracht wurde. Und nun: ihre Tochter. Es war kein Zufall. Es war ein Erbe.

Aber Lulu wollte es nicht weitergeben. Sie kämpfte – um jedes Gespräch, das nicht im Streit endete. Um jedes Lächeln, das ehrlich war. Um jedes „Ich sehe dich", das nicht durch Angst verzerrt war. Sie lernte von Maria Montessori: „Hilf mir, es selbst zu tun." Und langsam wurde dieser Satz zu einem Mantra – nicht nur für ihre Tochter, sondern auch für sich selbst. Lulu musste sich selbst helfen. Sich selbst halten. Sich selbst neu finden.

Und doch gab es Tage, da verstand sie sich selbst nicht. Wenn ihre Tochter sie ablehnte. Wenn sie schrie. Wenn sie sich abwandte. Dann kam sie – diese alte Angst: „Ich bin nicht liebenswert. Ich bin nicht genug."

Die Beziehung zur Tochter wurde zur größten Prüfung ihres Lebens. Nicht, weil das Kind schwierig war. Sondern, weil Lulu in ihr die tiefste Wunde ihres eigenen Lebens sah. Eine Wunde, die ihre Mutter nicht heilen konnte. Die sie selbst kaum benennen konnte. Die wie ein Schatten durch Generationen wanderte.

Und dann – mitten in einer dieser schweren Phasen – blickte sie ihre Tochter an. Stolz. Wild. Unbeirrbar. Und ein Licht flackerte auf in Lulus Brust. Ganz zart. Vielleicht, dachte sie, ist es genau das, was ich damals gebraucht hätte: diese Kraft. Dieses Nein.

Und so begann sie, langsam, Schritt für Schritt, nicht nur ihre Tochter zu lieben. Sondern auch das Kind in sich. Nicht aus Pflicht. Sondern aus der Erkenntnis, dass Heilung nicht bedeutet, das Vergangene zu vergessen, sondern, es zu umarmen. Und weiterzugehen. Gemeinsam.

In der Beziehung zu ihrer Tochter begegnete Lulu nicht nur einem anderen Menschen, sondern auch sich selbst – auf eine Weise, die sie nicht erwartet hatte. Wo sie Nähe suchte, fühlte sie Ablehnung.

Wo sie Liebe geben wollte, begegnete ihr Widerstand. Und doch spürte sie: Es war kein Kampf gegen ihre Tochter – sondern gegen sich selbst, gegen alte, unbewusste Verletzungen, die nun durch ihr Kind sichtbar wurden.

Dieses Kapitel öffnet einen Raum für die Frage, wie sehr wir bereit sind, den Spiegel anzusehen, den uns das Leben manchmal hinhält – und was geschieht, wenn wir nicht wegblicken.

Reflexionsfrage

Wen in deinem Leben empfindest du als besonders herausfordernd – und was könnte dir dieser Mensch über einen verdrängten Anteil in dir selbst zeigen?

Übung: „Der Spiegel-Moment" – Begegnung mit einem inneren Anteil

Du brauchst: einen ruhigen Ort, einen Spiegel (oder dein Spiegelbild in der Kamera), Papier & Stift

Anleitung:

1. **Setz dich vor den Spiegel** und sieh dir selbst für zwei Minuten in die Augen. Nicht dein Gesicht bewerten, nicht an der Frisur zupfen – einfach nur schauen.
   Atme ruhig. Lass entstehen, was entstehen will.

2. **Schreibe dann intuitiv einen Satz auf**, der dir spontan kommt. Zum Beispiel:
   „Ich sehe in dir …" oder „Ich erkenne, dass du …"
   – ganz gleich, ob dieser Satz liebevoll, traurig, hart oder überraschend ist.

3. **Wähle nun eine Eigenschaft**, die du an einem anderen Menschen ablehnst – vielleicht ist es jemand, der dich oft wütend macht, unruhig oder verletzt.
   Notiere: *Was genau triggert mich an diesem Menschen?*

4. **Stelle dir vor**, dieser Mensch würde dich in genau diesem Moment ansehen und dir einen Satz sagen:
   „Ich bin nur dein Spiegel."
   – Was fühlt sich in dir an? Was möchte verstanden werden?

5. **Zum Abschluss:** Notiere einen Satz für dich selbst:
   „Ich bin bereit, mich mit all meinen Anteilen anzunehmen."
   Oder ein eigener, stimmiger Satz, der dich begleitet.

Diese Übung stärkt deine Selbstverbindung – und hilft dir, nicht in Widerstand zu gehen gegen das, was sich durch andere in dir zeigt. Besonders heilsam, wenn du dich mit Kritik, Rückzug oder Reibung konfrontiert siehst.

Seite für Notizen:

Platz für deine Gedanken, Erkenntnisse und Pläne

Kapitel 19: Der lange Weg der Heilung

Lulu hatte viele Jahre lang versucht, das Bild einer heilen Familie nachzubauen – nicht aus Täuschung, sondern aus einem tiefen inneren Wunsch heraus, die Bruchstellen ihrer Kindheit zu heilen, indem sie alles daransetzte, es selbst besser zu machen. Mit ihrem Partner, ihren Kindern, den Schwiegereltern, Tanten, Onkeln – mit all den Menschen, die zu einem Leben dazugehören sollten – formte sie ein Bild, das nach außen wie ein friedliches Zuhause wirkte. Es gab Geburtstage, Familienfeste, Spaziergänge am Sonntag, kleine Routinen und große Vorhaben. Doch was andere als Geborgenheit empfanden, war für Lulu immer öfter ein Spiegelsaal alter Wunden. Die Szenen ihrer Kindheit wiederholten sich – nicht identisch, aber ähnlich genug, um ihr Herz zittern zu lassen. Neue Gesichter, andere Umstände, doch dieselben alten Muster schlichen sich in ihr Leben zurück, wie Schatten, die sich nicht vertreiben ließen.

Die Spannungen mehrten sich. Konflikte mit ihrem Partner, mit ihrer Tochter, mit ihrem ältesten Sohn – immer wieder geriet sie an Grenzen, die sie selbst nicht verstand. Es war, als würde ein unterirdischer Strom alter Gefühle durch sie hindurchrauschen, ausgelöst durch kleine Worte, Gesten, Missverständnisse – und mit einem Mal brach etwas in ihr hervor, das sie selbst erschreckte. Emotionen, die aus einer Tiefe stammten, die nicht mit dem Hier und Jetzt zu tun hatten, sondern mit etwas, das viel weiter zurücklag. Etwas, das nicht verheilt war.

Aus Sorge um ihre Tochter suchte Lulu Hilfe. Sie begleitete das Mädchen zu einer Heilpraktikerin für Psychotherapie, in der Hoffnung, dort Antworten zu finden, vielleicht einen Zugang zueinander. Doch was sie hörte, traf sie unvorbereitet. „Ihre Tochter leidet an einem Generationstrauma", sagte die Frau ruhig. „Irgendwo in Ihrer Familie muss es eine Fluchterfahrung gegeben haben." Lulu saß da, stumm, doch innerlich bebte alles. Die Bilder kamen sofort. Nicht die Flucht der Großeltern, nicht eine Kriegsgeschichte – sondern ihre eigene Kindheit. Sie sah sich selbst, kaum sechs Jahre alt, wie sie mit ihrer Mutter und den Geschwistern vor dem Vater floh. Wie sie durch die Nacht rannten, aus dem Fenster stiegen, die Tür verriegelten, während draußen Wut tobte. Wie sie nirgendwo aufgenommen wurden. Wie ihr Großvater sie schließlich zur Kirche brachte. Wie sie zum ersten Mal fragte, warum

Menschen einander wehtun. Diese Flucht war kein Märchen, kein Bild aus ferner Zeit. Sie war real. Ihre Geschichte. Ihr Trauma.

Und auch wenn ihre Tochter nicht mehr zu der Heilpraktikerin zurückwollte, auch wenn sie sich in der Sitzung nicht wohlgefühlt hatte – die Worte hallten in Lulu nach. Sie hatten etwas geöffnet, das nicht mehr verschlossen werden konnte.

Kurz darauf erkrankte ihr jüngster Sohn schwer. Fieber, das nicht weichen wollte, ein Blick, der sich trübte, ein kleiner Körper, der das Bewusstsein verlor – es war, als würde sich die Welt erneut gegen sie wenden. In der Praxis der Ärztin, während sie das regungslose Kind in den Armen hielt, brach etwas in ihr auf. Nicht laut, nicht dramatisch, sondern wie eine leise, brennende Wahrheit, die sich nicht länger verstecken ließ. Sie sprach mit der Kinderärztin, sprach das erste Mal von ihren Schlafstörungen, von den Bildern, die sie nicht losließen, von der ständigen Alarmbereitschaft ihres Körpers, der nie zur Ruhe kam. Die Ärztin hörte ruhig zu, sah sie lange an, und sagte schließlich: „Sie leiden an einer komplexen posttraumatischen Belastungsstörung."

Es war ein Moment des Erkennens. Ein Moment der Benennung. Lulu weinte, leise, erschöpft. Aber zum ersten Mal nicht aus Ohnmacht, sondern weil endlich jemand verstand, was sie all die Jahre getragen hatte. Diese Unsichtbarkeit, dieses Nicht-Gesehen-Sein, diese ständige Anstrengung, irgendwie zu funktionieren – all das bekam einen Namen. Und mit dem Namen kam der Mut, sich auf den Weg zu machen.

Sie begann eine Therapie. Es war nicht leicht. Es rührte an alte Ängste. Und doch spürte sie: Jetzt oder nie. Sie entschied sich auch, den Kontakt zu ihrer Mutter abzubrechen. Nicht aus Wut. Sondern aus Notwendigkeit. Aus einem tiefen Instinkt heraus, dass sie zuerst sich selbst retten musste, bevor sie jemanden halten konnte. In einer der ersten Sitzungen fragte ihre Therapeutin: „Warum sind Sie damals zurück in Ihre Heimatstadt gezogen?" Lulu antwortete erst nicht. Dann sagte sie: „Weil ich hier noch etwas beenden muss."

In der Therapie lernte sie, ihre Trigger zu erkennen, ihre Grenzen zu spüren, sich nicht mehr für alles verantwortlich zu machen. Sie erkannte, dass sie nicht weitergeben musste, was ihr angetan worden war. Dass sie eine Wahl hatte. Dass ihre Geschichte nicht das Ende war.

Und doch blieb der Weg schwer. Drei Fehlgeburten hatte sie erlebt – jedes Mal ein Verlust, der tiefer schnitt, als sie sich selbst eingestehen konnte. Einmal war es ein Mädchen. Ein geformtes kleines Wesen, das nie zur Welt kam. Sie weinte monatelang, still, in sich hinein, und niemand konnte ahnen, wie sehr ihr Herz blutete. Ihre Tochter, damals gerade einmal zwölf Jahre alt, spürte eines Abends etwas, das Lulu selbst nicht aussprechen konnte. Sie sah gemeinsam mit ihr einen Film, in dem eine Frau eine Fehlgeburt erlitt, und als Lulu leise mit den Tränen kämpfte, drehte sich das Mädchen zu ihr um, legte die Arme um sie und flüsterte: „Du bekommst dein Baby – ganz bestimmt." Lulu war überwältigt, gerührt und zugleich beunruhigt. Sie wollte nicht, dass ihre Tochter ihre Last trug, nicht, dass sie sich sorgte, nicht, dass sie Verantwortung übernahm, die ihr nicht gehörte. Und doch war dieser Moment wie ein leiser Funke von Verbundenheit, ein stilles Erkennen zwischen Mutter und Tochter.

Und dann kam ihr Regenbogenkind – ein kleiner Sohn, der mit leisen Schritten in ihr Leben trat und ihr zeigte, dass neues Leben möglich ist.

Doch auch er konnte nicht heilen, was zwischen ihr und ihrer Tochter immer deutlicher wurde. Je älter das Mädchen wurde, desto größer wurde der Abstand. Lulu mühte sich, versuchte, da zu sein, präsent zu sein, zu lieben – aber nichts schien zu reichen. Ihre Tochter war wütend, distanziert, abweisend. Lulu suchte den Fehler bei sich, fragte sich, ob sie falsch sprach, falsch handelte, falsch war. Und dann begann sie zu begreifen: Es war nicht die Ablehnung der Tochter, die sie traf. Es war die Ablehnung, die sie selbst nie überwunden hatte. Ihre eigene Stimme, die ihr seit Kindertagen einflüsterte, dass sie nicht genügte.

Und sie erkannte auch: Ihre Tochter war wie sie – und zugleich ganz anders. Sie war stolz auf ihr Frausein, liebte Kleider, Lippenstift, das Spiel mit der Schönheit. Lulu war ehrlich berührt von dieser Freiheit. Und doch schmerzte sie sie. Denn ihre Tochter lebte das, was sie selbst nie durfte. Was in ihr verboten war. Was man ihr abgesprochen hatte.

Die Spannung wuchs. Unausgesprochen. Immer fühlbar. Und als ihre Tochter mit siebzehn auszog, in eine andere Stadt, stand Lulu an der Tür, den Kloß im Hals, die Hand ausgestreckt, und fragte: „Musst du wirklich schon gehen?" Ihre Tochter sah sie ruhig an und sagte nur: „Du bist mit siebzehn nach Griechenland gegangen."

Und Lulu verstand. Der Kreis hatte sich geschlossen. Nicht als Strafe. Nicht als Spiegel. Sondern als Chance. Sie wusste nicht, wie sie das Band heilen konnte. Noch nicht. Aber sie hatte begonnen, sich selbst zu sehen. Und das war der erste Schritt.

Ein Schritt in Richtung Heilung. Ein Schritt in Richtung Wahrheit. Ein Schritt – zu sich selbst.

Lulus Weg war lang. Voller Umwege, Rückschritte und schmerzhafter Wiederholungen. Und doch war er kein Irrweg – sondern ein Prozess der Erkenntnis. Die Begegnung mit dem Begriff „Generationstrauma" war ein Wendepunkt. Endlich bekam das, was sie jahrzehntelang als innere Unruhe, Unsicherheit oder Überforderung mit sich trug, einen Namen. Nicht als Entschuldigung – sondern als Erklärung.

Lulu begann, zu verstehen: Heilung beginnt nicht mit Antworten, sondern mit der Bereitschaft, hinzusehen. Und manchmal auch mit dem Mut, sich zu trennen – von alten Rollen, Erwartungen, und von Menschen, die nie gesehen haben, wer man wirklich ist.

Reflexionsfrage

An welchem Punkt in deinem Leben hast du gespürt: Jetzt geht es nicht mehr weiter wie bisher – jetzt beginnt mein eigener Weg?

(Und was hat dich daran vielleicht gehindert, diesen Weg konsequent zu gehen?)

Übung: „Mein innerer Kompass" – die eigene Richtung (wieder) finden

Du brauchst: ein ruhiger Ort, Papier & Stift, idealerweise 10–15 Minuten ungestörte Zeit

Anleitung:
1. **Schließe die Augen** und stell dir dein Leben als Weg vor – nicht linear, sondern wie ein Pfad mit Abzweigungen, Kurven, vielleicht auch Schleifen.
   Wo befindest du dich gerade?

2. **Notiere intuitiv:**
   ⇒ Drei Ereignisse oder Begegnungen, die dich in eine Richtung gelenkt haben.
   ⇒ Drei Entscheidungen, die du vielleicht nicht bewusst getroffen hast – sondern für andere, aus Angst, aus Schuldgefühl.

3. Zeichne (gerne schematisch) **einen inneren Kompass** mit vier Himmelsrichtungen. Beschrifte ihn:
   ⇒ **Norden**: Das, was dir Kraft gibt
   ⇒ **Osten**: Das, was dich lockt, was dich ruft
   ⇒ **Süden**: Das, was du hinter dir lassen willst
   ⇒ **Westen**: Das, was du noch nicht ganz verstehst, aber fühlen kannst

4. **Frage dich nun:**
   ⇒ Wohin zeigt mein Kompass gerade wirklich?
   ⇒ Was braucht mein inneres Navigationssystem, um sich neu auszurichten?

5. **Zum Abschluss:** Formuliere einen Satz, der dir wie ein persönlicher Leitsatz für deinen nächsten Schritt dienen kann, z. B.:
   „Ich darf meinen eigenen Weg gehen – auch wenn er anders ist, als erwartet."

Diese Übung eignet sich besonders, um in Umbruchphasen oder nach herausfordernden Familienerfahrungen wieder zu sich selbst zurückzufinden. Sie stärkt die Selbstführung – und schenkt Orientierung.

Seite für Notizen:

Platz für deine Gedanken, Erkenntnisse und Pläne

Kapitel 20: Der Abschied in Liebe

Einige Jahre waren vergangen, als Lulu den Entschluss fasste, wieder Kontakt zu ihrer Mutter aufzunehmen. Es war keine leichte Entscheidung. Zu viel war gesagt worden, zu viel war nie gesagt worden. Doch etwas in ihr spürte, dass es Zeit war – für einen neuen Versuch, für einen anderen Blick. Ihre Mutter war inzwischen seit einem Jahr verwitwet.

Lulu war zur Beerdigung erschienen. Gemeinsam mit ihren beiden ältesten Kindern. Sie traten leise an das Grab – es war kein großer Auftritt, kein dramatischer Moment. Es war ein stilles Zeichen der Verbundenheit. Ein erstes, vorsichtiges Tasten nach Frieden. Lulu wusste nicht, was ihre Mutter fühlte, als sie sie dort sah. Aber sie wusste, was sie selbst fühlte: Es war kein Hass mehr. Keine Wut. Nur ein leises Ziehen im Herzen. Ein Sehnen. Vielleicht nach einem letzten Gespräch. Vielleicht nach einem ehrlichen Abschied. Vielleicht nach der Mutter, die sie nie hatte, aber immer suchte.

Langsam näherten sie sich wieder an. Ihre Mutter kam zu Besuch, sie saßen im Garten und beobachteten die Kinder beim Spielen. Irgendwann sagte die Mutter, fast erstaunt: "Wie lieb sie miteinander sind."

Lulu nickte. Ja, das waren sie. Ihre Kinder hielten zusammen, sie vertrauten einander, halfen sich, liebten sich. Und in diesem Moment spürte Lulu, dass sie etwas geschafft hatte, was ihrer Mutter nie gelungen war. Nicht, um besser zu sein. Sondern um ihr Versprechen an sich selbst einzulösen: Es anders zu machen. Liebevoller. Wahrhaftiger.

Doch dann kam der Frühling. Ein Sturz ihrer Mutter löste einen nicht aufzuhaltenden Dominoeffekt aus. Die Diagnose war niederschmetternd. Es gab keine Hoffnung mehr. Lulu saß allein im Krankenhaus, gegenüber einer Ärztin, die Antworten und Entscheidungen forderte. Erst kurz zuvor hatte sie eine Generalvollmacht erhalten, um sich besser um die Angelegenheiten ihrer Mutter zu kümmern. Jetzt bedeutete das, dass sie die Verantwortung trug. Wieder.

Doch diesmal wollte Lulu es nicht allein tragen. Sie rief ihre Geschwister an, forderte ihre Unterstützung ein. Zum ersten Mal stellte sie sich hin und sagte: Ich brauche euch. Und sie kamen. Zusammen mit ihren ältesten Kindern und ihrem Mann saßen sie stundenlang beisammen, diskutierten, berieten, entschieden – für ihre Mutter. Für ein würdevolles Ende.

Ihr Bruder wurde in diesen Wochen ihre größte Stütze. Lulu und ihre Geschwister organisierten sich in Schichten, saßen am Bett ihrer Mutter, wachten, warteten, hielten die Hand. Tag und Nacht.

Lulu nutzte diese Zeit. Sie stellte Fragen. Über die Kindheit ihrer Mutter. Über Sehnsüchte. Über Verluste. Und ihre Mutter begann zu sprechen.

„Ich habe meine Mutter mit zehn Jahren verloren", sagte sie leise. „Kurz nach meinem Geburtstag. Kurz vor Weihnachten."

Lulu hielt den Atem an. In diesem Moment fiel ein Puzzlestück an seinen Platz.
Jetzt ergab alles einen Sinn. Die kühle Schwere in der Weihnachtszeit. Die Leere, die nie ausgesprochen wurde. Das sehnsüchtige Flackern in den Augen ihrer Mutter, das nie zur Sprache kam. Lulu sah plötzlich nicht mehr die Frau, die ihr so viel Schmerz zugefügt hatte. Sie sah das Kind. Zehn Jahre alt. Verloren. Gefroren in der Zeit.

„Ich durfte sie noch besuchen im Krankenhaus", flüsterte ihre Mutter, und ihre Stimme wurde brüchig. „Sie lag schon einige Wochen dort. Ich spürte, dass sie nicht mehr nach Hause kommt. Aber keiner sprach es aus. Keiner hielt mich. Ich wusste es einfach."

Lulu schluckte. Ihr wurde kalt und heiß zugleich.

„Danach kam ich zu meiner Großmutter. Aber... da war keine Liebe. Keine Umarmung. Nur Härte. Strenge. Kein Platz für Tränen. Kein Platz für Fragen."

Lulu hörte zu. Mit weit geöffnetem Herzen. Mit angehaltenem Schmerz. Und ihre Mutter sprach weiter.

„Als dein Opa dann wieder geheiratet hat, sagte meine Großmutter einfach: *Dein Vater kommt gleich mit seiner neuen Frau, und du sagst ab jetzt Mama zu ihr.*"

Sie lachte leise, bitter. „Ich war nicht mal bei der Hochzeit dabei. Niemand hat mich gefragt. Niemand hat erklärt. Ich wurde einfach vor vollendete Tatsachen gestellt."

Lulu erstarrte. Es war, als sähe sie sich selbst im Spiegel der Geschichte – nur in einer anderen Zeit. Auch sie war nie gefragt worden. Auch sie hatte geschluckt, gehorcht, funktioniert.

In diesem Moment spürte Lulu, wie wichtig es war zu wissen, wer unsere Eltern wirklich sind. Welche Geschichten sie in sich tragen. Welche Schatten sie begleiten.

Sie verstand: Es ging nie um Schuld. Es ging um Schmerz, der nie ausgesprochen wurde.

Lulu beschloss, es anders zu machen. Später – wenn die Zeit reif war. Sie wollte ihren Kindern erzählen, wer sie war. Schritt für Schritt. Langsam. Ehrlich. Mit Wärme. Mit Klarheit.

Damit sie nicht erst im Schmerz erkennen mussten, was Liebe bedeutet.

Und so saßen sie da – die beiden kleinen Mädchen in den Körpern erwachsener Frauen – und hielten sich.

Nicht mehr im Kampf.

Sondern in Mitgefühl.

Und Lulu wusste: Sie würde nicht stecken bleiben.

Sie würde die Liebe nicht länger verstecken.

Sie wollte vergeben, verstehen – und weitergeben.

Und sie tat das Einzige, was sie noch tun konnte:

Sie wurde zur Mutter, die sie selbst immer gebraucht hatte.

An einem Nachmittag, während Lulu ihre Mutter fütterte, sprach sie ihre Wahrheit aus. Leise. Klar. Ohne Vorwurf: "Ich war sehr, sehr lange böse auf dich. Und verletzt. Ich habe gelitten, weil du mich nicht gehört hast. Weil du mich weggestoßen hast, als ich dich gebraucht habe. Aber ich habe dir vergeben. Nicht, weil ich vergessen habe. Sondern für mich. Damit ich frei werde."

Ihre Mutter schwieg. Dann flossen Tränen über ihre Wangen.

Es waren stille Tage voller Wahrheit. Lachen. Weinen. Und Vergebung. Lulu ließ sich ein – ganz. Auf den Abschied. Auf das letzte gemeinsame Kapitel.

Lulu wollte ihre Mutter zu sich nach Hause holen. Ein eigenes Zimmer sollte für sie eingerichtet werden – ein Ort der Geborgenheit. Doch bis alles bereit war, musste die Mutter vorübergehend in die Kurzzeitpflege. Lulu bekam Unterstützung von ihrer Familie, praktische Hilfe, offene Hände. Doch außerhalb dieses Kreises begegnete ihr viel Unverständnis.

„Warum tust du dir das an? Viel zu viel Verantwortung. Viel zu viel Arbeit. Nach all dem, was sie dir angetan hat – wozu dieser Einsatz?"

Aber Lulu war nicht wie sie.

Trotz allem empfand sie Liebe für ihre Mutter. Trotz allem hoffte sie noch immer, dass ihre Mama – die echte, weiche, warme Mama – irgendwann zurückkehren würde.

Als sie ihrer Mutter sagte, dass sie für eine kurze Zeit in der Kurzzeitpflege bleiben müsse, bis das Zimmer bei ihnen zu Hause fertig sei, kam sie noch einmal, die alte Schärfe.

„Du hast mir als Kind versprochen, dass du mich niemals ins Heim gibst. Und jetzt schiebst du mich ab."

Lulu schwieg. Wie immer.

Doch diesmal stach es nicht mehr so tief.

Etwas in ihr war schon heil geworden.

Sie besuchte ihre Mutter jeden Tag. Gemeinsam drehten sie ihre Runden durch die Flure der Station, plauderten mit Schwestern, Pflegerinnen und Mitbewohnern.
Es waren kleine, stille Momente. Leicht, fast zärtlich. Und in all dem Gewöhnlichen geschah etwas Ungewöhnliches: Nähe.

Eines Tages blickte ihre Mutter sie lange an.

„Warum bist du so lieb zu mir, nach all dem, was ich dir angetan habe?"

Lulu nahm ihr Gesicht behutsam in die Hände, lächelte sanft.

„Weil wir alle es verdienen, geliebt zu werden."

Sie wollte, dass ihre Mutter in Frieden gehen konnte.

Für sie – und für sich selbst.

Als ihre Mutter kaum noch gehen konnte, begleiteten Lulu sie ein letztes Mal durch den Gang der Station. Lulu stützte sie, schob sie mit dem Rollator, Schritt für Schritt, langsam, bedächtig.

Da erklang aus einem der Zimmer Musik. Leise, traurig-schöne Töne.

Lulu blieb stehen. Ihre Augen trafen die ihrer Mutter.

Und ohne ein Wort hob sie sie vorsichtig hoch. Zentimeter für Zentimeter.

Ihre Mutter war nur noch ein Hauch.

Lulu schloss die Arme um sie.

Und dann tanzten sie.

Langsam. Ganz langsam.

Ein Wiegen. Ein Festhalten. Zwei verletzte Mädchen. Eine Mutter. Eine Tochter.

Kein Tanz wie früher. Kein Drehen. Kein Führen. Kein Folgen.

Nur ein Sein.

Ein letztes Mal.

Und sie wussten es beide.

In dieser Bewegung lag etwas Größeres als Schmerz.

Da lag Liebe.

Da lag Frieden.

Die leise Bitte um Verzeihung.

Und die stille Antwort: *Ja.*

An ihrem letzten Tag hielt Lulu die Hand ihrer Mutter. Ihre Tochter hielt Lulus Hand. Drei Generationen – verbunden in einem Moment der Stille.

Und dann – in der Nacht, an genau dem Tag, an dem ihre Mutter zu Lulu nach Hause ziehen sollte – hörte ihr Herz auf zu schlagen.

Sie kam nicht mehr bei Lulu an.

Und als ihre Mutter in der Nacht den letzten Atemzug tat, öffnete die Enkelin das Fenster.

„Damit ihre Seele frei fliegen kann", flüsterte sie.

Draußen rauschte der Wind durch die Bäume vor dem Krankenhaus. Lulu sah hinaus und sagte leise:

„Tschüß Mama, hab eine gute Reise."

Der Tag der Beerdigung war schwer.

Schwerer, als Lulu es sich eingestehen wollte.

Denn sie nahm Abschied – nicht nur von ihrer Mutter.

Sie nahm Abschied von dem kleinen Mädchen in sich, das so viele Jahre gewartet hatte.

Auf Liebe. Auf Anerkennung.

Auf das Gehört werden.

Lulu begrub an diesem Tag nicht nur eine Frau.

Sie begrub auch ihre Hoffnung auf eine Kindheit, die nie stattfand.

Auf eine Mutter, die nie da war.

Auf eine Liebe, die nie in Worten kam.

Und sie begann zu trauern.

Um das, was nie war.

Und nie mehr sein würde.

Es war der letzte Tanz.

Und zugleich – der erste Schritt in ein neues Leben.

Der Abschied von ihrer Mutter war für Lulu nicht nur ein Abschied von einem Menschen – es war ein Abschied von der alten Geschichte. Vom ewigen Warten auf Anerkennung. Vom inneren Kind, das sich so sehr nach einem Zuhause gesehnt hatte. Und es war ein erster Schritt in etwas Neues: in eine zarte Form von Frieden. Nicht laut, nicht euphorisch – aber echt.

Dieser letzte Tanz, der stille Blick, das einfache „Ja" – all das ließ Lulu verstehen, dass Heilung nicht immer laut beginnt. Manchmal liegt sie in der Entscheidung, nicht mehr auf das zu hoffen, was nie war, sondern mit offenen Armen anzunehmen, was jetzt möglich ist.

Reflexionsfrage

Was in deiner Familiengeschichte darf gehen – und was möchtest du in Liebe bewahren, auch wenn es nicht perfekt war?

(Gibt es eine Geste, ein Satz, ein Augenblick, der für dich wie ein inneres Denkmal stehen darf?)

Übung: „Der letzte Tanz" – eine achtsame Verabschiedung mit dem Herzen

Du brauchst: Papier & Stift, einen ruhigen Ort, evtl. Musik, die dich berührt

Anleitung:

1. **Setze oder lege dich ruhig hin.** Schließe für einen Moment die Augen.
   Stell dir eine Person aus deiner Herkunftsfamilie vor, mit der dich etwas Schweres verbindet – vielleicht ein nie ausgesprochenes Wort, ein nie geführtes Gespräch, ein Schmerz, der euch voneinander trennt.

2. **Stell dir vor, ihr tanzt.**
   Nicht wild, nicht perfekt – sondern wie Lulu mit ihrer Mutter: langsam, wiegend, jenseits von Worten. Lass zu, dass Bilder entstehen. Lass dich berühren – oder auch nicht. Alles darf sein.

3. **Öffne dann die Augen** und schreibe auf:

   - Drei Dinge, die du dieser Person nicht mehr erklären musst.

   - Zwei Dinge, die du innerlich loslassen möchtest.

   - Einen Satz, den du dieser Person zum Abschied sagst – nicht, weil alles vergeben ist, sondern weil du frei weitergehen willst.

4. **Optional:**
   Wenn du magst, zünde eine Kerze an oder lege den Zettel an einen besonderen Ort. Du kannst dich verneigen – innerlich oder mit einer kleinen Geste – vor dem, was war. Und dich dann dir selbst wieder zuwenden.

Diese Übung hilft, stille Abschiede zu gestalten – auch wenn das Gegenüber nicht mehr lebt oder kein Gespräch möglich ist. Sie wirkt versöhnend, ohne etwas schönzureden. Und sie schenkt Raum für Würde.

Seite für Notizen:

Platz für deine Gedanken, Erkenntnisse und Pläne

Kapitel 21: Von Tochter zu Tochter

Über ein Jahr war vergangen, seit Lulu ihre Mutter auf ihrem letzten Weg begleitet hatte. Ein Jahr voller leiser Bewegungen im Inneren – wie ein Luftholen nach einem tiefen Tauchgang und zugleich ein Nachbeben, das sanft, aber unaufhaltsam durch ihr Leben floss.

Noch immer klangen die letzten Worte ihrer Mutter in ihr nach.
„Du warst ja nicht da.“

Ein Satz, der mehr war als ein Vorwurf.
Ein bitterer Klang, der sich tief in Lulus Herz grub.
Nicht nur, weil er weh tat – sondern weil er das Echo eines lebenslangen Rufes nach Nähe in sich trug. Ein Ruf, den Lulu nie ganz hatte beantworten können. Und vielleicht auch nie beantworten sollte.

Diese Worte kamen, als Lulu sie gefragt hatte, warum sie damals die dringend notwendige Herzoperation abgelehnt hatte – in jener Zeit, in der sie keinen Kontakt hatten. Und das war ihre Antwort gewesen.
„Du warst ja nicht da.“

Lulu trug diesen Satz wochenlang mit sich herum, wie einen unsichtbaren Stein auf der Brust.
Sie lag nachts wach, ihr Blick starrte in die Dunkelheit, während ihre Gedanken kreisten:
War ich schuld?
War meine Abwesenheit der Tropfen, der alles zum Kippen brachte?
Hätte ich sie retten können, wenn ich da gewesen wäre?

Es war, als hätte jemand den alten Film noch einmal eingelegt. Den, in dem Lulu als Kind immer wieder die Hauptrolle spielte – als Schuldige. Als Ursache für den Schmerz der Mutter. Für ihre Einsamkeit. Für ihr Leiden.

Doch diesmal war etwas anders.
Lulu spürte zwar den Schmerz – aber sie wollte sich nicht mehr von ihm gefangen nehmen lassen. Sie wollte nicht länger der dunklen Geschichte glauben, dass sie verantwortlich sei für das Ungelöste, Unausgesprochene und Ungeliebte.

Und doch war da etwas in ihr, das sich schwer und zäh anfühlte.
Etwas, das nicht mit klarem Denken aufzulösen war.
Etwas, das eine andere Sprache sprach – die der Seele.

In diesem Jahr der stillen Aufarbeitung begann Lulu eine Ausbildung zur
psychologischen Beraterin. Es war mehr als eine berufliche Entscheidung.
Es war ein Weg zurück zu sich selbst. Sie wollte verstehen. Nicht nur ihre
Mutter. Nicht nur ihre Tochter. Sondern auch die, die sie dazwischen geworden war.

Je tiefer sie eintauchte in die Zusammenhänge von Psyche, Bindung und
Generationentrauma, desto klarer wurden die Umrisse dessen, was sie
jahrzehntelang nicht hatte fassen können. Sie erkannte, wie sich Schuld
nicht wie ein Urteil, sondern wie ein Erbe weitervererbt.
Nicht aus Bosheit – sondern aus Schmerz.
Wie unverarbeitete Wunden sich durch Generationen ziehen wie feine Risse
in einem Porzellanherz.
Wie das, was nie gesagt wurde, in den Körpern der Kinder weiterlebt.
Und wie der stumme Kummer der einen Generation sich in die Vorwürfe
der nächsten verwandelt.

Lulu begann ein Coaching.
Sie wollte ihre Verantwortung zurückgeben. Die, die nicht ihre war.
Sie wollte sich selbst vergeben, weil niemand sonst es getan hatte.

Und langsam, ganz langsam, wie das erste Licht am Horizont nach einer
langen Nacht, begann sich etwas in ihr zu lösen.
Mit jedem Gespräch, mit jeder Träne, mit jedem Moment des Erkennens
legte sie ein Stück der Last ab, die sie so lange getragen hatte.
Und mit dieser inneren Leichtigkeit veränderte sich auch das Band zu ihrer
Tochter.
Nicht schlagartig. Nicht märchenhaft perfekt.
Aber spürbar. Echt.
Weil Lulu aufhörte, gegen sich selbst zu kämpfen.

Sie begann, ihre Tochter wirklich zu sehen.
Nicht mehr nur als Spiegel. Nicht mehr nur als Herausforderung.
Sondern als eigenständige, kraftvolle Seele, die sich nie mit weniger zufrie-
den geben wollte als mit Wahrheit.

Lulu erkannte, wie sehr ihre Tochter unter den unbewussten Mustern gelitten hatte, die sie – trotz aller guten Absichten – weitergegeben hatte.
Wie sie sich den Raum nahm, den Lulu nie hatte.
Wie laut sie war, wo Lulu geschwiegen hatte.
Wie mutig sie forderte, was Lulu sich nie zu wünschen gewagt hatte:
Bedingungslose Liebe.

Und inmitten all dieser Erkenntnisse öffnete sich in Lulu ein neuer Blick:
Diese Tochter war keine Prüfung.
Sie war eine Wegweiserin.
Ein Kompass.
Eine Erinnerung an das, was möglich ist.

Sie war gekommen, um Lulu wachzuküssen.
Damit sie endlich das Leben führen konnte, das in ihrem Herzen immer auf sie gewartet hatte.
Ein Leben in Klarheit.
In Nähe.
In Freiheit.

Ein Leben, das sich nicht mehr an Schuld klammerte, sondern an Wahrheit hielt.

Von Tochter zu Tochter.
Ein Weg, der durch Tränen führte.
Ein Weg, der Wunden zeigte – und in Liebe verwandelte.
Ein Weg, der nicht zurückblickte, um festzuhalten,
sondern um loszulassen und neu zu wählen.

Denn Heilung beginnt nicht am Ende einer Geschichte.
Sie beginnt mitten in ihr.
Wenn wir den Mut haben, den Schmerz zu fühlen.
Wenn wir bereit sind, die Geschichten zu hinterfragen.
Wenn wir uns selbst die Hand reichen und sagen:
„Ich sehe dich. Ich liebe dich. Ich gehe weiter.“

Von Tochter zu Tochter – und zurück zu sich selbst.

Mit dem Tod ihrer Mutter war für Lulu ein langer innerer Kampf nicht einfach zu Ende – aber er hatte sich verwandelt. Was blieb, war nicht mehr der Wunsch, gesehen zu werden, sondern das Bedürfnis, sich selbst wirklich zu sehen.

In der Auseinandersetzung mit ihrer eigenen Geschichte begann sie zu verstehen, wie tief die Muster reichten – nicht nur in ihr, sondern auch in ihrer Tochter. Und sie erkannte: Nur wer sich selbst liebevoll anschaut, kann den Kreislauf durchbrechen.

Reflexionsfrage

In welchen Momenten spürst du, dass du nicht in deiner eigenen Stimme sprichst, sondern aus alten Mustern handelst?

(Gibt es einen bestimmten Satz, eine Reaktion, ein Verhalten, bei dem du dich selbst nicht wiedererkennst? Woher könnte es stammen?)

Übung: „Stimmen erkennen – Muster unterbrechen"

Du brauchst: zwei verschiedenfarbige Stifte, Papier, ca. 15 Minuten Zeit

Anleitung:

1. **Zieh dich für einen Moment zurück** – am besten an einen Ort, an dem du ungestört bist.
   Überlege: Wann warst du zuletzt in einer Situation, in der du dich selbst nicht verstanden hast?
   Vielleicht warst du übertrieben verletzt, übermäßig hart, viel zu still oder ungewohnt wütend.

2. **Schreibe mit der ersten Farbe auf:**

   o Was hast du gedacht?

   o Was hast du gesagt oder getan?

   o Wie hat sich das in dir angefühlt?

3. **Wechsle nun zur zweiten Farbe** und beantworte:

   o Wessen Stimme steckt da möglicherweise mit drin? (Eltern, Lehrer, frühere Beziehungen ...)

   o Was hättest du dir als Kind in einer ähnlichen Situation gewünscht?

   o Was würdest du heute sagen oder tun, wenn du ganz in deiner Kraft wärst?

4. **Abschluss:**
   Kreise einen Satz ein, der dich ab heute begleiten darf – als Erinnerung daran, dass du nicht das Echo deiner Vergangenheit bist, sondern die Antwort deiner Zukunft.

Diese Übung hilft dir, unbewusste Muster bewusst zu machen – und schenkt dir die Möglichkeit, dich neu auszurichten. Es ist nie zu spät, in eine liebevolle Haltung zu dir selbst zu finden.

Seite für Notizen:

Platz für deine Gedanken, Erkenntnisse und Pläne

Die Prägung unserer Seele -
und was sie mit unseren Beziehungen macht

Es beginnt unsichtbar. Still. In Momenten, die wir längst vergessen haben. Ein Blick. Eine Geste. Ein Satz, der hängen blieb – oder das Schweigen, das zu laut war. In den ersten Lebensjahren formt sich unser inneres Bild von Liebe, Nähe, Sicherheit. Diese frühen Erfahrungen graben sich tief in unsere Seele und beeinflussen – oft unbemerkt – unsere späteren Beziehungen. Freundschaften. Partnerschaften. Selbst Geschäftskontakte.

Lulu erkannte auf ihrem Weg, dass die Art und Weise, wie sie sich selbst sah, direkt mit ihrer Kindheit verknüpft war. Ihre Mutter hatte sie nicht absichtlich verletzt – doch das Fehlen von Wärme, das ständige Maß an Kontrolle, das Nicht-Gesehen-Werden hinterließen Spuren. Spuren, die sie in späteren Beziehungen wiederentdeckte.

Sie war immer die Starke, die Verlässliche, die Funktionierende. Doch innerlich war da eine tiefe Sehnsucht: nach Verbindung, nach echter Nähe, nach einem Gefühl von

"Ich darf sein, wie ich bin".

Und genau hier beginnt das Dilemma vieler Menschen:

Wir wählen unbewusst Beziehungen, die unsere frühesten Prägungen widerspiegeln – nicht, weil sie gut für uns sind, sondern weil sie vertraut sind.

Vertrautheit fühlt sich sicher an, selbst wenn sie weh tut.

Beziehungsmuster erkennen

Wenn du wiederholt in ähnlichen Partnerschaften landest – mit Menschen, die dich überfordern, kontrollieren, verlassen oder nicht wirklich sehen – liegt der Schlüssel zur Veränderung nicht im Außen, sondern in deiner eigenen Geschichte.

Was hast du über Liebe gelernt?

Welche Rolle hast du als Kind eingenommen?

Musstest du früh Verantwortung übernehmen? Warst du der Friedensstifter? Oder das stille Kind, das nicht auffallen durfte?

Diese Muster wiederholen sich nicht nur in romantischen Beziehungen. Auch Freundschaften oder berufliche Kontakte können Spiegel unserer Vergangenheit sein:

- **Bist du oft „die/der Starke", die/der nie um Hilfe bittet?**

- **Wählst du Freundschaften, in denen du viel gibst, aber wenig zurückbekommst?**

- **Fühlst du dich in Gruppen oft wie ein Außenseiter, obwohl du da bist?**

All das sind Signale deiner inneren Prägung. Und sie dürfen gesehen – und verändert – werden.

Der Unterschied zwischen Bedürfnis und Abhängigkeit

Lulu lernte mit der Zeit zu unterscheiden:
Brauche ich gerade wirklich Nähe – oder will ich nur bestätigt bekommen, dass ich genug bin?
Geht es um Verbindung – oder um das Vermeiden von Verlassenwerden?

Diese Unterscheidung ist essenziell, um alte Muster zu durchbrechen.

Denn nur wenn wir erkennen, aus welchem inneren Anteil heraus wir handeln – aus Liebe oder aus Mangel –, können wir neue Entscheidungen treffen. Entscheidungen für gesunde, kraftvolle Beziehungen, die auf echter Verbindung beruhen.

Transformation beginnt in dir

Jeder Mensch trägt eine Geschichte in sich. Doch diese Geschichte ist nicht dein Schicksal. Du kannst sie neu schreiben. In dem Moment, in dem du beginnst, deine Muster zu erkennen – und dir selbst mit Mitgefühl zu begegnen.

Lulu hat erkannt:

Es war nie die Aufgabe der anderen, sie zu heilen.

Es war ihre eigene Aufgabe, sich das zu geben, was sie immer gesucht hat:

Aufmerksamkeit, Anerkennung, Annahme.

Reflexion

Frage:
Welche wiederkehrenden Beziehungsmuster erkennst du in deinem Leben
– sei es in Freundschaften, Partnerschaften oder beruflichen Kontakten?

Tipp: Schreibe dir mindestens drei Beispiele auf. Achte darauf, wie du dich
jeweils dabei fühlst – überfordert, nicht gesehen, allein verantwortlich?

Übung: Deine innere Beziehungskarte

So funktioniert's:

1. Zeichne auf ein Blatt Papier drei Kreise:

   o **Kreis 1**: Freundschaften

   o **Kreis 2**: Partnerschaft(en)

   o **Kreis 3**: Berufliche Beziehungen

2. Schreibe in jeden Kreis jeweils 2–3 Beziehungen, die dir besonders
   präsent sind – positiv wie herausfordernd.

3. Reflektiere zu jeder:

   o Welche Rolle hast du darin eingenommen?

   o Was hast du gefühlt?

   o Gibt es eine Parallele zu deiner Kindheit?

Diese Übung hilft dir, Muster nicht nur zu erkennen, sondern sie auf ver-
schiedenen Ebenen deines Lebens sichtbar zu machen. Das ist der erste
Schritt zur Veränderung.

Wenn du magst, schließe mit diesem Satz:

"Ich ehre meine Vergangenheit – doch ich gestalte meine Zukunft selbst."

Seite für Notizen: **Deine eigene Reise**

Platz für deine Gedanken, Erkenntnisse und Pläne

Ein kleines Geheimnis über Lulu

Niemand wusste, dass Lulu ein Versprechen in sich trug.
Kein großes, lautes Versprechen an die Welt.
Sondern ein stilles Flüstern an sich selbst:
„Eines Tages wird alles gut."

Daran hatte sie immer geglaubt.
Auch dann, wenn alles dagegen sprach.
Wenn sie nachts wach lag und der Schmerz zu laut war,
wenn sie Abschiede aushielt, die nie hätten sein dürfen –
dann hielt sie sich an diesen einen Satz.
Wie ein Kind, das ein Tuch fest umklammert.

Sie trug noch mehr solcher Sätze in sich.
Wie eine kleine Sammlung, die sie wärmte.
„Entscheide dich für das Gute, und Gutes wird dir widerfahren."
„Es ist nicht wichtig, woher du kommst – was zählt ist, wo du bist."
„Hilf mir, es selbst zu tun."

Diese Sätze waren keine Floskeln.
Sie waren Überlebensstrategien.
Verknüpfte Fäden in einem Netz, das sie auffing,
wenn sie wieder einmal zu fallen drohte.

Oft sah man sie lachen.
Manchmal sogar tanzen.
Und viele dachten: *Sie ist so stark.*
Doch niemand sah, wie oft sie dieses „stark" nur spielte,
weil sie nicht wusste, ob das „echt" überhaupt Platz haben darf.

Lulu hatte früh verstanden, dass Hoffnung nicht bedeutet,
dass alles leicht wird.
Sondern, dass man sich entscheidet, trotz allem weiterzugehen.

In ihr lebte eine Sehnsucht nach einem Ort, wo sie nicht funktionieren musste.
Wo sie nicht erklären, nicht kämpfen, nicht lächeln musste.
Ein Ort, an dem sie einfach nur sie sein durfte.

Dieses Kapitel beginnt dort, wo Lulu zum ersten Mal spürte:
Vielleicht ist dieser Ort gar kein Platz.
Sondern ein Zustand.
Und vielleicht beginnt „alles wird gut"
genau hier –
mit ihr.

Danksagung

Dieses Buch entstand aus meinem tiefsten Inneren – geboren aus Tränen, aus Fragen, aus Hoffnung. Es ist mehr als eine Geschichte. Es ist ein Zeugnis. Ein Weg. Ein Ruf nach Heilung. Und ich bin nicht allein auf diesem Weg gegangen.

Ich danke meiner Tochter – für ihre Klarheit, ihre Stärke, ihr unbestechliches Licht. Du hast mir gezeigt, wer ich war, wer ich bin und wer ich sein darf. Dein Blick war oft fordernd, manchmal schmerzhaft, aber immer ehrlich. In dir habe ich das gesehen, was ich in mir lange nicht sehen konnte. Danke, dass du mich gespiegelt hast, ohne dich zu verlieren.

Meinen Söhnen danke ich von Herzen für ihre Liebe, ihre Umarmungen, ihre Verspieltheit – und dafür, dass sie mich als Mutter nahmen, wie ich war. Nicht perfekt. Aber ehrlich. Ihr habt mir gezeigt, dass Liebe auch dort wachsen kann, wo Risse sind.

Ich danke meiner Mutter – für das Leben, das du mir geschenkt hast. Für all das, was war, und all das, was nicht war. Du warst nicht die Mutter, die ich mir als Kind gewünscht hätte – aber du warst die Mutter, die mir den Weg gezeigt hat, zu der Frau zu werden, die ich heute bin. Ich habe dir vergeben – und ich danke dir.

Ein tiefes Dankeschön an die Frauen meiner Linie – ihr habt getragen, geschwiegen, ertragen. Ich habe euch gehört. Ich sehe euch. Und ich breche die Kette – in Liebe.

Danke an all die Seelen, die mir auf meinem Weg begegnet sind – manche blieben, manche gingen. Jede einzelne hat mir einen Teil meines Selbst zurückgegeben.

Ein besonderer Dank gilt jenen, die an dieses Buch geglaubt haben – die mich ermutigt, begleitet, gestützt und erinnert haben, wenn ich selbst am Zweifeln war. Ihr habt mir den Raum gegeben, in dem Worte fließen konnten.

Und danke an dich, liebe Leserin, lieber Leser – für dein offenes Herz, für dein Mitgehen, für dein Vertrauen. Wenn dieses Buch dich berührt hat, wenn es etwas in dir bewegt hat, dann war es das wertvollste Geschenk, das ich mir vorstellen kann.

Möge deine eigene Welle der Erfüllung dich sanft tragen – zu dir selbst.

Mit Liebe

Susanne

Über die Autorin

Susanne Ahlers-Wübbeler

Coach, Autorin und Unternehmerin – mit Herz, Tiefgang und einer unerschütterlichen Leidenschaft für persönliche Entwicklung.

Geboren am Ostermontag 1969 in einer Kleinstadt in Niedersachsen, hat Susanne das Leben in all seinen Facetten erfahren – mit allen Herausforderungen, Brüchen und Neuanfängen. Sie ist Mutter von vier Erdenkindern und einem Sternenkind. Diese tiefgehenden Erfahrungen prägen ihre Sicht auf das Leben, auf Beziehung, Heilung und die Kraft der inneren Wahrheit.

Mit der Gründung von Safe At Work Training & Consulting setzte sie einen wichtigen Meilenstein in ihrer beruflichen Laufbahn und begleitet seitdem Unternehmen und Menschen im Bereich Sicherheit, Qualität und persönlicher Entwicklung. Doch ihre eigentliche Berufung fand sie in der Erfüllungswelle – einer Einladung, sich selbst wiederzufinden, zu heilen und innere Freiheit zu leben.

Susanne weiß, was es bedeutet, sich selbst zu verlieren – in Rollen, Erwartungen und alten Prägungen – und Schritt für Schritt zurück in die eigene Kraft zu finden. Sie kennt die Sehnsucht nach Liebe und Zugehörigkeit, die Sprachlosigkeit zwischen Generationen und die innere Stärke, die entsteht, wenn wir unser Herz für Heilung öffnen. Ihre Arbeit verbindet tiefgehende Reflexion mit praktischen Impulsen, die Mut machen, alte Muster zu erkennen, loszulassen und ein neues Miteinander zu gestalten.

Mit der *Erfüllungswelle* zeigt sie:

✦ Freiheit beginnt in dir.
✦ Heilung ist möglich.
✦ Du bist genug – genau so, wie du bist.

Mehr über ihre Arbeit findest du unter:
www.susanneahlers.de
Instagram: @susanne_ahlers_

Platz für einen letzten Ausblick

Lulus Reise geht weiter.

Dieses Buch war nicht das Ende – sondern die Mitte. Ein stiller Herzschlag zwischen Sehnsucht und Wahrheit.

Lulu hat gelernt zu lieben – nicht perfekt, aber echt.

Sie hat erkannt, dass Vergebung nicht immer Worte braucht. Und dass Liebe ihre Form verändert, wenn sie nicht erwidert wird.
Doch eine Leerstelle bleibt: die Beziehung zu ihrem Vater.

Die nächste Welle führt Lulu dorthin – zu jener kindlichen Sehnsucht nach Schutz, Anerkennung und einem Blick, der sagt: „Ich sehe dich." Und sie wird verstehen: Der Weg zur Versöhnung führt nicht an der Vergangenheit vorbei – sondern mitten hindurch, durch die eigene Heilung.

Die Erfüllungswelle – Eine Trilogie über Heilung, Selbstfindung und Freiheit

Band 1: Die Erfüllungswelle – Freiheit beginnt in dir

Lulus Geschichte beginnt in einer Kindheit voller Brüche, geprägt von Verlust, Anpassung und dem verzweifelten Wunsch, geliebt zu werden. Sie lernt früh, stark zu sein – doch hinter dieser Stärke liegt eine tiefe, unerkannte Verletzlichkeit.

Dieses Buch erzählt von den ersten Schritten aus der Dunkelheit, vom Kampf um Selbstbestimmung und vom Mut, sich selbst die Freiheit zu erlauben, die einem niemand schenkt.

Band 2: Die Erfüllungswelle – Die Liebe, die ich suchte

In diesem Band stellt sich Lulu dem vielleicht schwersten Kapitel ihres Lebens: der Beziehung zu ihrer Mutter – und zu sich selbst als Mutter.

Was bedeutet es, geliebt zu werden? Was bedeutet es, selbst lieben zu können?
Die Suche nach der mütterlichen Liebe wird zu einem Spiegel der Generationen.

Und Lulu beginnt zu begreifen: Die Liebe, nach der wir suchen, ist oft nicht verloren – sie ist nur überlagert von Schmerz.

Band 3: Die Erfüllungswelle – Auf der Suche nach meinem Vater

Im dritten Band wendet sich Lulu der vielleicht tiefsten Leerstelle in ihrem Leben zu: ihrem Vater.

Ein Mann, der physisch oft abwesend war – und emotional nie greifbar. Seine Abwesenheit wurde zu einer Prägung, die sie lange nicht verstand – und in der Wahl ihrer Partner immer wieder unbewusst wiederholte.

Dieses Buch ist eine Einladung, den Schmerz der Vaterwunde nicht länger zu verdrängen, sondern ihn anzusehen.

Nicht um anzuklagen – sondern um zu verstehen. Und um zu vergeben. Denn wahre Freiheit beginnt dort, wo wir nicht länger im Außen suchen, was wir uns nur selbst geben können.

Eine Einladung zur tiefen Selbstbegegnung

Die *Erfüllungswelle*-Trilogie ist mehr als eine autobiografisch inspirierte Reise – sie ist ein Spiegel für alle, die sich auf den Weg machen, ihre Herkunft zu verstehen und ihre Zukunft neu zu schreiben.

Jeder Band führt tiefer in das, was uns geprägt hat – und weiter in das, was wir daraus machen können.

Denn am Ende geht es nicht nur um Lulu.

Es geht um dich.
Deine Geschichte.
Deine Wahrheit.

Dein Leben.
Die Wellen tragen dich weiter.

Wohin – das entscheidest du.
Bist du bereit für den letzten Band?

Die Erfüllungswelle – Auf der Suche nach meinem Vater

Wir sind aus Liebe geboren.
Liebe ist unsere Mutter.
– Rumi

Und vielleicht...
war alles, was du erlebt hast,
nur der Weg zurück zu ihr.

Zur Liebe.
Zu dir.

(Ende)